JN116789

アナウンサーが知っている最強の居場所の作り方

——自然とラクな自分でいられる習慣を身につける本

黒部亜希子 著

法研

はじめに

「言いたいこと」があるのに表現できないあなたへ

16・6%、これは何の数字だと思いますか？

これは、20代〜70代の男女1438人を対象に行った「上司・部下のコミュニケーション」に関する調査で、「上司・部下の個人面談では本音で話せていますか？」という設問に、「話せる」と答えた人の割合です。（出典：2023年Chatwork株式会社「上司・部下のコミュニケーションに関するアンケート調査」）

逆に見ると、8割以上の方が上司や部下と本音で話すことに苦手意識を持っていることがわかります。

この「本音で話せない」というのは、上司と部下に限ったことではありません。

みなさんは、こんな経験はありませんか？

□場の空気が変わるのが怖くて、意見を言うのをやめてしまった
□言いたいことよりも、相手が言ってほしいであろう内容を考えて話してしまう
□わからないことがあっても理解したフリをした

もちろん、日常では本音を伝えることが必要な場面ばかりではないでしょう。

しかし、家族や友人など相手が自分にとって大切な人である場合や、職場の同僚など長く付き合っていかなければならない環境にある人と話す場合は、偽《いつわ》ることなく本音で話せた方が、自分も相手も心地よい人間関係を築くことができます。

周りが本当の自分を理解してくれる、困ったときには助けてもらえる、言動が一致するので信頼される――**「言いたいこと」を表現できるだけで、過ごしやすい環境が整う**のです。

私がこの「言いたいことを表現する」ことについて考え始めたのは、今から27年前、テレビ局にアナウンサーとして就職したときでした。

アナウンサーの仕事は車の運転に似ています。

複数のゲストがいる生放送を想像してみてください。

アナウンサーは、カメラの位置やディレクターが出す指示、時計の秒針、モニターに映る映像に注意を向けながら、出演者の表情を見分けて話を振り、定められたピッタリの時刻で話が目的地に辿《たど》り着くよう、時には修正したり、仕切り直したりしながら会話を進めなくてはなりません。

長い話には、タイミングを見計らって話の途中でも割って入らなければなりませんし、話の方向が違えば、流れを変えるための一言をズバッと投げかけなければなりません。意味が通じにくい話をされたら、話を戻して聞き直すことも必要です。

番組が時間内に目的地へ安全に到着するためには、私が発言することで、空気が変わってしまうとしても言わなければならない——そういう場面を避けて通ることができない仕事でした。

以来、私は「相手が受け入れやすい効果的な伝え方」や「耳を傾けてもらうための在り方」がどういったものなのかを20年以上考え続け、何度も失敗しながら工夫してきました。そうして、「言いたいこと」を上手に伝えながら信頼を増すための〝再現性のある方法〟を見つけることができたのです。

ところで、あなたはなぜ、この本を手に取ってくださったのでしょうか？

〝感じのいい話し方〟や〝雑談の方法〟について語る本はたくさんあります。

そこでは、たとえば「会話は相手を中心に」「ポジティブな言葉を使おう」「褒《ほ》めは最強」——といったことがよく語られていますが、そこで語られることの多くは、波風を立てずに一時をやり過ごすための会話のテクニックです。

もしかしたら、それらを実践してはみたけれど、心が通じた感じはしなかったという方もいらっしゃるかもしれません。

この本を手に取ったあなたは、おそらく日頃から丁寧に人と接し、相手の話に十分に耳を傾け、周りからは話しやすい人であると認識されているのではないでしょうか。

そんな方ほど、「自分が言いたいこと」だけは後回しにしてしまい、外に表すことができないまま、本音を心の内側に抱えて〝ひとりぼっちな感じ〟を抱きやすいと思うのです。本音で繋がることができないまま誰かと時間を過ごしても、心が満たされることはないんですよね。

けれども安心してください。そんなあなたにこそ、この本が役に立ちます。ここに書かれた内容を実践した後輩からは、こんな声をもらっています。

「自分に嘘をつかずに湧いてくる感情を発信し、周りの力を借りることができるようになって、心がとてもラクになりました」

「教わったとおりにやったら、拍子《ひょうし》抜けするくらい話がうまく進みました」

悩みが消えて明るくなった後輩の表情を見たときは、こちらまで幸せな気分になりました。私がアナウンサー時代に培《つちか》った技は、万人に共通する技なのだと気づいた瞬間でした。

言いたいことを伝えられるようになるために必要なのは、勇気でもなければ愛想の良さでもありません。**いつからでも身につけられる考え方と、誰にでもできる簡単な技です**。これからそれを順を追ってご紹介していきますので、親しくなりたい相手や、心地よい関係を続けたい大切な人がいるなら、ぜひ、ひとつでもいいので試してみてください。周りの反応が違うことを実感できるはずです。

本書がみなさんの人生に彩《いろど》りを加え、より豊かにするための一助になれば幸いです。

黒部 亜希子

もくじ

第2章 相手を知るために「観察」するときの極意 …… 101

序章

伝わらない本当の理由

～モヤモヤした孤独感から脱け出す思考

「伝える」「伝わる」の捉え方を見直す

この本を通してお伝えしたいことは、自分の気持ちを抑《おさ》えて相手に合わせなくても、言いたいことを上手に表しながら、互いの信頼を育むことはできるということです。

最初は難しく感じるかもしれませんが、手順を踏んでいけば大丈夫。

まずはそのための前提として、「伝える」「伝わる」ということの捉え方を見直すことから始めていきましょう。コミュニケーションにおいては、自分の言ったことがうまく伝わらないとモヤモヤすることがありますが、その感情をそのままにせず「なぜ伝わらないのか？」と、原因に思いを巡らせることが大切です。それが、心で繋がるコミュニケーションができるようになるための第一歩です。

「伝わらない」の思考をなくす

●伝わらなかった原因は誰にある？

日常生活における友人や職場の同僚といった人間関係の中で、

そんなつもりで言ったんじゃなかったのに……
なんで私ここに居るんだろう……

といった感情を抱いたことがある人は多いと思います。

私の場合、学生時代は毎年のクラス替えで仲の良い友達と離れてしまったときやクラブ活動に最初に参加したとき、大人になってからは転職して新しい会社に入ったときなどに、こうした感情を覚えることがありました。

私はこの感情が起きる原因を、こんな風に考えている時期がありました。

話し方を間違えたんだ……

言ってはいけないことを言ったんだ……


けれども、同じことを同じ言葉で喋ったとしても、所属する集団や自分の見られ方によって受け止められ方は違うんですよね。

同じ言葉を使って表現していても、人によって受け入れられる人とそうでない人がいるんです。

言葉に関係なく、すんなりと好意的に受け止められる人がいる——この現実を目《ま》の当たりにしたとき、私は気がつきました。

私は「わかりやすさ」や「話す内容」ではない、もっと別のところで躓《つまず》いていたんです。

●伝わらなかったのは自分の責任と考えれば、解決策が見えてくる

言葉が相手に伝わらないときは、モヤモヤとした孤独感のようなものを感じますよね。そして、そんなときは決まって、正しく思いを受け止めてくれなかった相手に対し、冒頭に書いたような悲しい気持ちや、時には怒りが湧いてくると思います。

どうしてわからないの？

けれどもここで、そんなコミュニケーションの行き違いを解決するために、ひとつわかっておきたい大切なことがあります。

果たして伝わらなかったのは誰に原因があるのでしょうか？

解釈の仕方を間違えた相手のせい？

それとも、正しく思いを伝えることができなかった私のせい？

自分はきちんと伝えたのだから、それを理解できない相手が悪い——そう考える人もいるでしょう。

けれども真実はそうではありません。

人間関係において人が〝モヤモヤとした孤独感〟を抱く理由——私はそれを、コミュニケーションで齟齬《そご》が起きた原因を、相手の側にあると思い込むことだと考えています。

コミュニケーションの齟齬は、自分が**伝え方と在り方を変えるだけ**で修正することができるんです。「伝わらなかったのは１００％私の責任だ」と仮定することで、取るべき解決策が見えてきます。

モヤモヤとした孤独感は、ちょっとした工夫で取り除くことができます。

「伝える」と「伝わる」の違い

●「伝える」と「伝わる」の間には明確な違いがある

「伝え方を変えれば伝わる度合が変わる」ということについて少し説明します。

27年前の春、私は宮崎県でアナウンサーになりました。

入社してすぐの研修では、ベテランの先輩についてもらい、ラジオ放送における天気予報を読む研修を受けました。そのときの原稿はこうでした。

宮崎県南部の明日《あす》は、晴れでしょう。最高気温は26度の予想です。

今なら自動音声やAIで対応している局も多いと思いますが、当時は生の肉声でした。

さて、この一文、みなさんならどんな風に読みますか？

私は明るくウキウキした声で読みました。だって晴れだから。

すると、先輩からこう言われたのです。

お天気がいい日は気持ちがいいよね。
洗濯物も外に干せるし、開花したばかりの桜も散らない。
だけど、たとえばこの放送を聞く人の中には農家の人も大勢いる。
最近雨が降っていないのは知っているよね？
今の読み方でいいのかしら？

農家にとって雨が降らないことは死活問題です。恥ずかしながら私は、そんなことはまったく想像したことがありませんでした。雨が降るのを待っている人に届ける言葉は、ただ、

明日は晴れだ

という情報だけでなくてはなりません。
むしろそれ以外の

明日も晴れでサイコー

という私情が乗った声は、邪魔でしかないんですよね。ひとりぼっちで過ごすクリスマスに、ＣＭで流れるハッピーな恋愛ソングの歌詞がまったく頭に入ってこないのと同じです。

独りよがり、あるいは偏《かたよ》った価値観が、「伝わらない」を作る原因となる例です。

言葉を音声として「伝える」ことと、相手の心に届く「伝わる」ということの間には、このように明確な違いがあります。

アナウンサーはこうした「伝える」と「伝わる」の違いを徹底的に叩きこまれます。アナウンサーにとって、滑舌《かつぜつ》が甘いせいで間違った音で伝わってしまったときの、

「ちゃんと言ったんですけど」

や、言葉が足りなくて理解しにくいリポートだったと指摘されたときの

「説明しました」

も、当然のことながら「伝わらなかった」理由にはなりません。**視聴者が受け取った内容の責任はすべて、伝え手の側にある**ということを教えられます。

こう言うと、「全部自分のせいだなんて、厳しいな」と感じる人もいらっしゃると思います。

けれども、もしも全部自分が変われば伝えたいことが伝わるのだとしたら、これは逆に楽だと思いませんか？　自分が工夫すれば、どんなことも正しく「伝わる」ということになります。伝わるか伝わらないかの責任が発信者側にあると考えれば、伝わらなかったときに相手のせいにしなくて済みます。

●伝わらなければ、伝えたことにはならない

もうひとつこんなケースで考えてみましょう。災害が発生したときなどの緊急時に、テレビから流れてくるアナウンサーの声を思い出してください。

アナウンサーは頻繁《ひんぱん》に緊急時のアナウンスの仕方を訓練しています。そこでは、どんなトーンで、どれくらいの間合いと速さで呼びかければ、視聴者に正しく情報が伝わり、「すぐに避難する」といった正しい行動へ視聴者を促すことができるのかを考えながら、本番さながらに実践形式の訓練が行われます。

その方法はアナウンサーによって様々です。早口でまくし立てて険《けわ》しい表情で何度も情報を繰り返すことで緊迫感を伝えようとする人もいれば、強い口調をあえて抑えたトーンで冷静に語りかけようとする伝え手もいます。

どのように伝えるのがいいのか、文字だけで正解を言うのは難しいのですが、災害が起きているまさにそこにいる視聴者の心にいち早く情報が伝わり、命を守るために取るべき正しい行動へと導くことができるアナウンサーだけが、求められる役割を果たしていることは言うまでもありません。そしてその力は、訓練の

数によって養《やしな》われるものです。
こうした伝え方の工夫が必要とされるのは、アナウンサーだけに当てはまるわけではありません。日常の会話でも同じことです。

相手に伝わらなければそれは伝えたことにならないし、相手に伝わったことや逆に伝わらなかったことの責任は伝えた側にあると考えれば、言葉はずっと届きやすくなります。

伝え方には無限ともいえるほど方法があります。ちょっと工夫するだけで、相手の反応も変わります。**伝えたいことが、そのままの意味ですんなりと伝わるようになる**のです。その技術さえ修得すれば、あなたはもう〝モヤモヤとした孤独感〟に悩まされることもなくなります。
次はその解決方法を考える前に、そもそも言ったことが「伝わらない」のはなぜなのか、その原因を紐解《ひもと》いていきましょう。

なぜ伝わらないのか

●「伝わらない」には2つの種類がある

話し方について書かれた本が書店にはたくさん並んでいます。

人の悩みというのは大きく分けると3つあり、健康・お金・人間関係といわれますよね。

しかし、人間関係が元で健康を害することだってあります。お金を得る仕事においても、人とまったく関わらずにできることはとても少ないでしょう。

そういった意味では、人間関係がうまくいくような付き合い方を習得できれば、今よりもずっと心穏やかに過ごせるということになります。

では、どうすれば伝えたいことが正しく相手に伝わり、双方ともに心地いいコミュニケーションが成り立つのでしょうか?

そのことを考えるために、**「伝わらない」には2種類ある**ということから説明しましょう。それぞれ解決方法が異なるので、分けて考えていきます。

Point ① 相手を知らないから伝わらない

まずはひとつ目。**言葉が相手の心に届かない**ケースから。

会社員の方に身近な例で説明します。

【例】 キャリアアップに繋がるとしても……

春、30代半ばの女性Aさんの転勤が決まりました。

Aさんは予想もしていなかったタイミングの転勤にかなり落ち込んでいます。仕事は好きだけれども、お付き合いしているパートナーと離れ離れになり、描いていた将来設計を考え直さなくてはならない――今は転勤したいタイミングではなかったのです。

そんなとき、年配の上司Bさんが、Aさんのところにやって来て、元気よくこう声をかけました。

上司：「今回の転勤は、あなたのキャリアにとってすごく良いことだよ」
彼女：……（無言。何も言えず、思わず不満な表情が出てしまう）
上司：……（無言。なぜ何も反応しないいんだろうと戸惑ってしまう）

上司は彼女のことを思い、自身の経験に裏打ちされた励《はげ》ましの言葉を述べています。

しかし、彼女はどう感じたでしょうか？「励ましたい」「元気づけたい」という上司の思いは、正しく伝わったと思いますか？

残念ながら、そうではありませんよね。

● 相手を知らないと届かない言葉を投げかけてしまう

なぜ上司の思いが正しく伝わらなかったのか。原因は、言葉が相手の心に届かなかったからです。そして届かなかった理由を深堀りすると、〈**相手を知らない**〉というところに行きつきます。

もし彼女について少しだけ知っていれば、上司は何も言わなかったでしょう。きっとこの機会に人生設計の見直しを行い、新たな道を歩んでいく彼女を別の言葉で励ましたかもしれません。けれども相手を知らないと、このような届かない言葉を投げかけてしまい、「伝わらない」状態になるのです。

これに似た会話は、おそらくどの会社でも至る所で交わされています。

● 相手の心に届くタイミングと方法で伝える

もうひとつ誰にでも身近なケースで考えてみましょう。

> 広くて騒がしい飲食店。店に入って席に座りました。
> しかし、忙しそうな店員さんには、なかなか気づいてもらえません。

こんな場面で「**すみません**」と店員さんを呼ぶときのことを想像してみてください。

あなたは次のどちらのタイプでしょうか？

● 一度呼んだら振り向いてもらえる
● 二、三度「すみません」と大きな声を出し、手も振って気づいてもらえる

もし後者なら、普段から相手の心に届かない伝え方をしている可能性が高いです。原因は先ほどと同じで、〈**相手を知らない**〉から。

日頃から伝わる伝え方に意識が向いている人は、振り向かせることが上手です。店員さんが厨房《ちゅうぼう》ではなくお客さんの方を向いた一瞬の隙《すき》を狙って、お店の広さや距離から導き出した届きやすい声の大きさやスピードで呼びかけます。だから一度の声掛けで相手を振り向かせることができるのです。

つまり、相手の心に届くタイミングとその方法を知っているのです。

言葉や思いを届けるためには、相手が今何を考え、どんな状況にあるのかを

知ることが欠かせません。

〝話し方〟について書かれた本の中でよく「相手の立場になって話す」ということが出てきますが、それは相手や周囲の状況を、先入観なしにそのまま〈**観察する**〉ということです。

どこをどう観察すればよいかは、後の章で手順を追って説明します。

ここでは**「伝わらない」が起きる原因のひとつは、相手を知らないから**だということだけ心に留めておいてください。

Point ② 正しく理解されないから伝わらない

ふたつ目の伝わらない原因。

それは、**伝えたい内容が正しく理解されない**ということにあります。

●正しく理解されるために、自分を正しく相手に知ってもらう

正しく理解されるためには、あなたのことを**正しく相手に知っておいてもらわなくてはなりません。**あなたがどんな人かを相手が知っていれば、たとえ言葉が拙《つたな》くても、多少ぶっきらぼうでも、最小限の労力で伝えたいとおりに伝わるのです。

たとえば、関西出身のAさんが会話の中で相手に「アホ」という言葉を言ったとしましょう。

ちなみに関西で「アホ」という言葉は、日常でよく使う言葉です。

「アホやな〜」
「アホちゃうか」
「アホすぎる」

などの豊かなバリエーションがあり、会話を彩ってくれます。メディアを通して耳にしたことがある人も多いでしょう。

「アホやなぁ」は時には「かわいいやつめ～」というニュアンスが含まれることだってあります。関西では「かわいいなぁ」という代わりに「アホやなぁ」と言うのです。間違っても「バカじゃないの？」「頭が悪すぎて話にならない」という意味ではありません。

けれども、Ａさんが関西出身だと相手が知らなかったらどうでしょう？

もしくは、関西人が使う「アホ」の意味を相手が知らなかったとしたら？

Ａさん自身はまったく気づかないまま、相手から馬鹿にされたと捉えられてしまい、信頼関係が崩れてしまう危険性があるのです。

● 自分が人からどう見られているかを知る

相手から正しく理解されるためには、**自分の魅せ方**も重要な要素です。

ここで、あなたが自分を知ってもらうための上手な自己演出ができているかどうか、簡単にチェックする方法をお伝えします。それは、

人からもらったプレゼントと自分の好みを照らし合わせること。

たとえば、花束。誕生日プレゼントや歓送迎会などで、花束をもらったことはありませんか？　もしあれば、そのとき受け取った花束を思い出してください。どんな色が主になっていて、どんな印象を与える花束だったでしょうか？

おそらく、そのときもらった花束の印象が、送り主が抱いているあなたの印象です。

あなたが周囲に見せたい自分の姿と受け取ったプレゼントのイメージ。2つは合致していましたか？

この問いにイエスだった人は、相手に自分が「こう見られたい」と思う姿をうまく演出することができています。あなたの言葉はすんなりと相手に伝わるでしょう。

逆にノーだった人は、周囲に本当の自分、あるいはイメージとして認識させたい自分の姿を見せられていない可能性があります。

どうすれば認識させたい自分の姿を見せられるか、そのやり方については第3章で説明しますね。

●言葉でない部分から伝わることも重要

ここでもうひとつ、テレビのアナウンサーの衣装の話をさせてください。

みなさんお気づきだと思いますが、同じ女性のアナウンサーでも、報道番組の司会をするときと、バラエティ番組の司会をするときとでは、衣装の色や襟元《えりもと》の形が全然違います。また、同じニュース番組であっても、重大な事件・事故が起きた日に赤い衣装を着ることはまずしません。そうすると深刻さが伝わらないからです。

アクセサリーも同じです。難解なニュースや重大な事件を読み上げるプロのアナウンサーが、揺れるピアスや大ぶりのイヤリングをすることはありません。

このように、見ている人がニュースに集中し、正しく内容を受け取ってもらえるように、言葉ではない部分でも工夫をしています。

そして、そうした工夫がうまくできているアナウンサーは、視聴者からの信頼を集めます。

コミュニケーションは、音声や言葉だけで行うものではありません。

身につけるものや目の動き、姿勢や体の向き、表情、仕草など、相手が把握することのできるすべてが発信され、あなたを構成する情報となって相手に伝わっていきます。そして、それが印象となって相手に認識されます。

そうして**形成される印象が、自分の発信したい内容とズレがないようにする**ことが、「伝えたい」とおりに「伝わる」ためにとても重要なことなのです。

印象がうまく伝わっていれば、言葉や言い方を選ばずとも、最小限の気遣いで最大限に言いたいことが伝わります。欲しい情報も向こうからやってきます。プレゼントでは好みにピッタリ合ったものを贈《おく》られます。こんなに楽なことはありませんね。

●自分の内面に一致した印象を与える魅せ方を身につける

ところで、みなさんは、自分がどのような人として周囲に認識されているかについて、誰かに聞いたことがありますか？

もしなければ、親しい友人にこう聞いてみてください。

「最初に出会ったとき、私を見てどんな風に感じた？」

ポーランド出身の心理学者ソロモン・アッシュ氏が提唱した〈**初頭効果**〉という心理学用語を聞いたことがあるでしょうか？　人が情報を認識する際に、最初に受けた情報によって形づくられた印象が、後で得た情報よりも強く記憶されるというものです。

このことは**第一印象の重要性**を物語っています。「認識されたい自分をどうすれば演出できるのか」ということを最初から戦略的に練っておくと、印象づけたい自分を相手に認識させるのに、とても効果的であることがわかります。

こう話すと、

（好感度を上げればいいのでは？）

と考えるかもしれません。

しかし、職場や学校など長く続いていくコミュニティの中で、第一印象を良くするために笑顔を作ったり、無理に明るく振る舞ったりすることは逆効果です。

本性はいずれ見え隠れするもの。第一印象とその後の印象（第二印象）のギャップが大きいと、逆に信頼を大きく落としかねません。

「魅せ方を工夫する」というのは、あくまでも自分を正しく認識してもらい、楽に「伝わる」ようにするための手段です。媚《こび》を売ることや一時的に誰かを気分よくさせることが目的なら、それは〝接客〟です。

上がったり下がったりする不確かな好感度のテクニックを一時的に身につけることは、日常のコミュニケーションにおいては何の得にもなりません。

自分の内面に一致した印象を与えるための魅せ方を身につけることが重要なのです。言葉選びや伝える順序など、話し方を研究することは、それはそれで必要なことです。

しかし、伝えたい内容が正しく理解されなかったとき、「話し方」よりももっと手前の段階——あなたがどんな人か正しく理解されていないという問題が隠れていることを見逃してはいけません。印象は作れるのです。

第1章

「伝わらない」を「伝わる」に変える10の法則

●「伝わらない人」が良かれと思ってやっていること●

ここから「伝わらない」をよりわかりやすく説明するために「伝わらない人」が良かれと思ってやっていることをご紹介していきます。序章で述べたとおり、伝わらない原因は大きく分けて次の2種類あります。

- 相手を知らないから伝わらない
- 正しく理解されないから伝わらない

それぞれについて理解を深めるために、具体的な「伝わらないケース」を5つずつ紹介し、各ケースの最後には解決方法のポイントをひと言でまとめてみました。ご自身に照らし合わせて、確認してみてください。

相手や状況を理解できていないから伝わらないケース①～⑤

まずは、相手や状況を知らないことが原因で起きる「伝わらないケース」を5つご紹介します。このケースで共通することは、**想像力の欠如**です。どれも身近で、良かれと思ってやってしまいがちなことです。

Case ① 聞くのを遠慮して ……… NG×察する

● 察しようとすることが裏目に出てしまうこともある

会話の最中に知らない言葉が出てきたり、相手の言ったことが聞き取れなかったりすることはありませんか？

特に複数人で会話をしているときにそのようなことがあると、自分だけ理解できていないような気がして、そのまま会話を流してしまいがちです。しかし、果たしてそうなのでしょうか？

私はアナウンサーとして専門家にインタビューをしているとき、度々そのような場面に出くわしました。そうして、知らないと思われることが怖く、「教えて」と言う勇気が出なくて、知ったかぶりをしたまま会話を進めて失敗してしまったことが何度もあります。

そうして気づいたことは、次の２つのことでした。

- わからないまま会話を進めると、話がどんどん噛《か》み合わなくなってくる
- 自分が理解できないことは、他の人も理解できないことがある

わからないまま話を進めれば、その言葉は聞き飛ばすか、勝手な推測を立てながら聞くしかありません。

確かに、話の流れを止めないために、推測しながら聞くことが大切なときもあります。けれども、もしその〝わからない言葉〟が文脈で果たす役割が大きかっ

た場合はどうでしょう？

意味の認識にズレが生じ、相手の話す内容を正しく理解できないことに繋がりますよね。

そのままにしていると、後に続く会話も少しずつずれていくということが起こりやすくなります。察しようとすることが裏目に出てしまうこともあるのです。察することがいいこととは限りません。**途中で聞き直すことは相手の話を聞く側の責任であり誠意**です。

● わからない原因が自分にあるとは限らない

また、自分に理解できないことがあったとき、その原因が相手にあることだってありますよね。「専門用語や略語がわからない」「声が小さくて聞き取ることができない」――そんなときに、聞き直すことは恥ずかしいことでも何でもありません。

複数人で話を聞いていて、もしも誰かに「そんなことも知らないの？」と思われたとしても、同じ場にいる別の誰かに「そこ、自分もわからなかった。聞いてもらって助かった」と思ってもらえたら、あなたの質問には意味がありますよね。

誰一人として同じ人間はいません。同じ言葉でも、使う人によって定義が違うこともよくあります。「それってどういうこと？」と聞くことを怖がらなくていいのです。

会話の中で疑問が生じた場合は、話が進み過ぎないタイミングを狙って、

「〇〇というのは？」
「具体的に言うと、どういうことですか？」

などと、相手の言葉が何を意味しているのか、噛み砕いて説明してもらえるように相手を促しましょう。この質問をすることで、相手の話を理解しやすくなる

だけでなく、相手に対して、

- 私はあなたの話を正しく理解しようと努めていますよ
- あなたの話についていける私のレベルはここですよ

といった2つのメッセージを伝えることもできます。これができれば、あなたは**相手から信頼してもらえるようになり、かつ周りの人からも誠実な人だと認識される**でしょう。

ただし、何でも聞けばよいというものではありません。たとえば、プロ野球選手に話を聞くとき、野球のルールを尋《たず》ねる人はいませんよね。最低限の知識はマナーとして身につけた上で会話に臨みましょう。

Point
臆することなく「それってどういうこと?」「教えて」と言う

Case ② わかり合おうと思って……NG×解釈する

● 伝えるときも聞くときも自己流の解釈をしないことが大切

突然ですが、あなたが最近知り合った友人と「もっと仲良くなりたい」と思って食事に誘った——そんなシーンを想像してみてください。

あなた：「今夜ご飯食べにいかない？」
相手　：「今日は家でゆっくり過ごしたいの」

こんなやりとりになった場合、あなたならどんな言葉を続けますか？

① 「そうなんだ。気にしないで」と続ける。
② 「体調でも悪いの？　大丈夫？」と気遣う。
③ 「それなら、あなたのお家でゆっくり鍋でもしない？」と踏み込む。

さあ、どうでしょうか？

①の場合――「距離を置かれた」と考えるなら、無難な言葉を返しておいて、その場を取り繕《つくろ》うかもしれません。

②の場合――「疲れているのかな」などと相手を心配するなら、気遣う言葉を返すのも自然な反応かもしれません。

③の場合――「家に来るように誘われた」と思う人はさすがに稀《まれ》でしょうか。でも、そんなノリが身についている人もいるかもしれません。

実際にどの言葉を続けるかは、話の流れや相手の表情など、いろいろなことが影響してくるとは思いますが、いずれにしても、この3つのパターンのどの言葉を返すのが最適か、この時点ではわかりません。相手の気持ちがわからないからです。だって相手は「今日は家でゆっくり過ごしたいの」と言っただけだから。

それなのに、

● 家でゆっくり過ごすのが好きでも、誘われたらご飯行くのが普通でしょ？
● ご飯食べてからでも家でゆっくりできるよね？

たとえば、こんな風に考えてしまうとしたら、それは危険信号です。自分の価値観をそのまま相手に当てはめて考えてしまっているからです。

相手のことを知りたい、わかり合いたいと思うと、自己流の解釈を加えながら会話を続けてしまいがちです。しかし、相手の話を「聞く」ということは、「そのまま聞く」ということ。

私は仕事でニュースなどの出来事を読むとき、いいニュース・悪いニュースといった自己流の解釈を加えた読み方をしないように心がけていました。ニュースは事実の報道ですから、それが受け取り手にとってどんな意味を持つのかはわかりません。同じ内容を聞いても、人それぞれ感じ方は違います。また、年月が経つことで、歴史上におけるニュースの意味が変わることだってあるでしょう。

伝えるときもそうですが、聞くときも独自の解釈を持って聞いていないか注意が必要です。

たとえば、冒頭の会話だって、全部書くとこんな感じかもしれません。

あなた：「今夜ご飯食べにいかない？」
相手　：「今日は家でゆっくり過ごしたいの」
あなた：「今日は家でゆっくりかぁ」
相手　：「そう！　だって今日は月曜日でしょ。ドラマ見なくっちゃ！」
あなた：「忘れてた！　私も見よう」
相手　：「うん！　ところで食事だけど、明日はどう？」

Point ▼▼▼ 自己流の解釈をせず、相手の言葉をそのまま受け止める

Case ③

相手を理解したくて……………NG×自分だったらと置き換える

●話を聞くときの立ち位置によって話の理解度が変わる

困ったことを相談されたときや、体験談を聞くときなどは特に〝相手の話を理解しようと努める姿勢〟が大切であることは、みなさんよくご存じですよね。理解するために想像するからこそ、先を促すいい質問ができますし、信頼を深めることができます。

もっとも、この〝相手を理解しようとする姿勢〟には、次の２つのタイプがあります。その違いを理解しておくことが大切です。

①　相手の話を、「もしそれが自分だったら」と置き換えて解釈する

②　相手の話の中に入り込んで、「相手になった」気持ちで聞く

２つは同じように見えますが、話を聞くときの自分の立ち位置が違います。

①の場合――相手の話を自分の側に引き寄せる聞き方をするタイプ
②の場合――相手の話の中に没入する聞き方をするタイプ

相手が〝安心して自分の話ができる相手〟というのは、②の聞き方をしてくれる人であり、①の聞き方をしてくれる人ではありません。

なぜならそれを体験したのはあくまで自分であり、あなたではないからです。どちらの立ち位置で話を聞くかによって、話の理解度が変わります。理解度が変わることは、あなたのリアクションや質問内容になって相手へと伝わります。

次の頁の会話を例に考えてみましょう。空欄の部分はあなたの発言です。相手と楽しく会話を続けるために、あなたならどんな言葉を返しますか？考えてみてください。

相手　：「昨日ジムの帰りに飲みに行ったの」
あなた：「　　　　　　　　　　　　　　　　」
相手　：「オープンしたばかりのお店だったんだけどすごく雰囲気が良くて」
あなた：「　　　　　　　　　　　　　　　　」

考えましたか？
それでは、それぞれのパターンをチェックしてみましょう。

①の立ち位置▼自分の側に引き寄せるなら、たとえば、こんな会話になります。

相手　：「昨日ジムの帰りに飲みに行ったの」
あなた：「**運動の後にビール!?　太るよ**」
（せっかく運動したのに、私なら飲まないわ）
相手　：「オープンしたばかりのお店だったんだけどすごく雰囲気が良くて」

あなた：「**オープンしたばかりなら混んでたでしょう**」
（私はしばらく経ってから行こう）

②の立ち位置▼没入するなら、たとえば、こんな会話になります。

相手　：「昨日ジムの帰りに飲みに行ったの」
あなた：「**運動の後のビールは格別よね～**」
相手　：「オープンしたばかりのお店だったんだけどすごく雰囲気が良くて」
あなた：「**どんな雰囲気なの!?**」

立場を逆にして考えてみると、②の聞き方の方が、**自分のことを理解しようとしてくれている**と感じることがよくわかると思います。
もちろん、①の聞き方がすべて悪いということではありません。

「もし、あなただったらどうする？」と意見を求められたときは、素直に「自分だったら〜」と自分の考えを言うことも大切です。

ただし、

- 相手が「話を聞いてほしいと思っている」と感じたとき
- 自分が「自分とは違う経験談を聞き出したい」と思っているとき

こんなときは、②の姿勢で聞くことをおススメします。

②ができれば、相手との距離がグッと縮まりますよ。

Point

相手の話の中に没入する

Case ④ 想定外を怖がって……NG×答えを予想しながら質問する

●答えの予想を立てて会話をしようとしても相手とは繋がれない

高校生のとき、好きな人がいました。まだ携帯電話もない時代で、夜、電話がかかってくると飛び上がりたいくらい嬉しくて、よく長電話をしていました。けれども彼はどちらかというとお喋りなタイプではなく、臆病《おくびょう》な私は会話の合間に流れる間《ま》がすごく怖かったんですね。そこで何をしたかというと、想定問答集を作って会話に臨んでいました(笑)。

今日はこの話題でいこう。
私がこう言うと彼はきっとこう答えるから、そうしたら私はこう言って……
そうしたら、次はこう返してくるだろう……

あらかじめ何往復か予想を立てて会話を始めるんですね。今考えたらダメダメ過ぎて笑っちゃうんですが。そのときは好きな相手と盛り上がりたいと必死だったんです！

けれどもこれ、みなさん薄々気づいているでしょうが、全然想定どおりにいかないわけです。相手は思春期の無口な高校生。おまけに男子校と女子校。異性と会話することに慣れていません。私は事前に用意しておいた話題を口にするけど、初《しょ》っ端《ぱな》からまったく予期していない答えが返ってきたり、興味がない様子で無反応だったり……

そうするとですね、むちゃくちゃ焦るわけです。

焦るとどうなるかわかりますか？　事前に用意しておいた話題を打ち切って、次の話題に移るしかありません。その後はもう取り調べか尋問みたい。私の質問攻めです。

私はこの苦い経験から、社会人になって仕事でインタビューをするとき、**相手の会話を先回りして質問することはしない**ように心がけていました。

たとえば、オリンピックを目指す陸上選手に話を聞いたときも、

私　：「夢は何ですか」
選手：「オリンピックです」

という会話はしないぞと決めていました。

なぜなら、そんな会話は相手にとって心地よくないことを、経験から知っていたからです。誰もが答えの予想がつくような質問を投げかけたところで、言わされているだけと、見ている人にもわかります。そんな空気は最悪です。

もっと自然な形で相手の本音に触れる会話ができなければ、練習の合間に大切な時間を作って向き合ってくれている相手にも失礼だと気がついたんですね。

考えた結果、

「どうしたら、そんなにきつい練習に耐《た》えられるのですか？」であったり
「次の大会にどのような気持ちで挑《いど》みますか」であったり

私が答えを知らない質問をしました。そして、そこで返ってきた答えに対して掘り下げたり、ふくらませたりすると、相手が心を開いて自分から話してくれるようになりました。もちろん、何が返ってくるかわからない怖さはあります。でもこれが〝相手と繋がる〟ということなんですよね。

●相手との違いを見つけながら会話をすることも醍醐味のひとつ

もっとも、質問を間違えることは、日常的にやってしまいがちなことです。たとえば、こんなことがありました。まだ小学生だった我が子が、運動会から帰ってきたときのやりとりです。

私：「運動会、疲れたでしょ？」
子：「ぜんぜん疲れてないよ??」

そうですよね。疲れたのは日頃運動不足の中年の私だけです。

仕事で初対面の人と会うときも注意が必要です。最近は事前にSNSなどで相手についての情報を得ておいてから会うという人も多いと思いますが、たとえば、

「宮崎県ご出身ですよね？」

などと相手を知っていることをアピールする質問をしても、何の得にもなりません。もしも〝出身地が同じ〟という会話をしたいなら、

「ご出身はどちらですか？」

こう問いかけるのが正解。事前に知っていたとしても、**相手が詳細を話したくない可能性**だってあります。

「九州です」

と答えてもらえたら、そこから次の会話に繋げればいいのです。

コミュニケーションは共感が大切と言われます。ですから、「共通点を探さなければ」と考える人は多いでしょう。確かにそれもその通りです。共感し合えるポイントを見つけると、相手との距離が縮まります。

けれども、〝共感〟ばかりでなく、〝違い〟を見つけることも会話の醍醐味《だいごみ》です。自分一人では思いつかなかった感じ方や価値観を教えてくれる相手は、ものの見方や世界を拡《ひろ》げてくれます。

共感してほしい相手から期待した反応が得られなかったとしても、**違いを楽しむ姿勢で会話を続ける心の余裕を持ちたい**ですよね。

Point

相手の話に乗っかって想定外の会話を楽しむ

Case ⑤ 思いが募って……NG×丁寧に伝えようとする

●自分の得意な形で伝えても相手に届くとは限らない

何かを伝える際、「丁寧に伝えよう」「しっかり伝えよう」と思ってすることが、かえってマイナスになることがあります。もっとも、そう言うと「丁寧に伝えることのどこが悪いのか？」と思う人もいるでしょう。誤解を生むといけませんので、まずはここで言う〝丁寧〟が何を示すかを明らかにしておきます。

たとえば、職場でやりがちな次のようなことです。

① 何事も直接言わないと失礼だと考え、直接の訪問や電話で伝えようとする
② すぐそばにいるのにメールでメッセージを送る
③ 長文のメールで詳しく説明する
④ 「本日は」や「御礼申し上げます」など敬語が過ぎる
⑤ 部下に注意するとき、あれもこれもと複数のことをまとめて伝える

いかがですか？

ご自身のことでなくとも、思い当たる人が身近にいませんか？

どれも本人としては、相手の立場になっているつもりで、伝えたい思いが募《つの》った結果なのだと思います。けれども見当違いになっているのはなぜでしょう？

それは「相手のことを知らない」「相手の立場に立てていない」からです。

①〜⑤それぞれについて、どこが良くないのかを見ていきましょう。

【①の場合】▼相手の時間を奪っているという認識が足りない

何事も直接言わないと失礼だと考え、直接の訪問や電話で伝えようとする――

確かに、謝罪や交渉であれば、直接会う方が誠意が伝わるでしょう。しかし、急な返答を要しない連絡事項や依頼の場合はどうでしょうか？　また、約束をしていない突然の訪問は迷惑になることもあります。

こうした場合、相手にとってはメール（メッセージングアプリなど）が最も親切なコミュニケーションツールです。**電話や訪問は、相手がしている作業を強制的に中断させて時間を奪うもの**という認識が大切です。

【②の場合】▼相手に対するマナーが足りない

すぐそばにいるのにメールでメッセージを送る——これは部下が上司に対して、やりがちなことです。①の内容と矛盾するようですが、相手がすぐそばにいるのなら、「いまメールを送らせていただきました、後程ご確認ください」と**ひと言告げるのがマナー**です。

【③の場合】▼相手のスタイルに合わせていない

長文のメールで詳しく説明する——特に真面目な人だと、何から何まで詳しく説明しがちですが、メールには人それぞれ癖《くせ》があります。頻繁に改行をする人や逆にまったく改行をしない人。「〇〇様」といった宛名や「おつかれさまです」

といった挨拶《あいさつ》がなく、いきなり本題から入る人。

相手に〝伝わりやすいメール〟を考えるなら、できるだけ相手の癖に合わせましょう。特にいつも簡潔で短い文章の人には、長文は読んでもらえないと思ってください。**受け取る相手によって、伝わるメールの長さもスタイルも違います。**

【④の場合】▼相手に気持ちが伝わりにくい

「本日は」や「御礼申し上げます」など敬語が過ぎる――これもよく見かけます。こういったやり取りが必要なシーンも確かにあります。しかし、型どおりの文面からは本音が見えてこないという難点があります。次の例で考えてみましょう。

本日は貴重なアドバイスを頂戴《ちょうだい》し誠に有難うございました。
心より感謝しております。
今後も精進《しょうじん》してまいりますので、何卒《なにとぞ》ご指導のほど宜《よろ》しくお願い致します。

これは実際に私が後輩からもらったメールに少し手を加えたものです。感謝の気持ちはありがたいですし、真面目さがよく伝わってきます。けれども、これでは本音や気持ちが見えてこないのです。まるで何かのテンプレートのようです。「アドバイスを重く受け止めたのでは？」と心配になりましたが、会話をしてみたら普通でしたので、これがこの人がメールを書くときのスタンダードなのだとわかりました。

このメールを伝わりやすい文章に書き直すなら、こうなります。

> 今日は貴重なアドバイスをいただき、本当にありがとうございました。
> とても嬉しかったです。
> これからもがんばりますので、ご指導よろしくお願いいたします。

前よりも伝わりやすくなったと思いませんか？

ちなみに、田中みな実さんがブレイクした頃、〝半タメ口〟が注目されました。たとえば、年上の上司と話すとき、「そうなんだ」「なんで?」など〝ダメ語〟を混ぜて話す話し方です。これは本人のキャラクターもありますし、相手を選ばずにいきなり試すことはお勧めしませんが、**心から出た飾らない言葉が相手の心にストレートに響く**というのは理解できますよね。

ただし、これも相手次第。もし相手が敬語をしっかり使うタイプだった場合や出会って間もない場合は、相手に合わせた方がいいでしょう。それがその人が受け入れやすい形式だからです。

【⑤の場合】▼相手が受け入れる気持ちになれない

部下に注意するとき、あれもこれもと複数のことをまとめて伝える――これは言うまでもありませんね。注意するときは〝その瞬間にひとつだけ〟が鉄則です。

(そういえばこの前のあれも。あのときのこれも……)と思い出したら教えてあげたくなる気持ちはわかります。しかし、相手の立場ならどう思うでしょうか?

気分の良くない話を複数受け止めることは誰だって難しいことです。

ちなみに、この⑤は子育て中に起こりがちなケースです。親としては気をつけたいところですね。子どもが何か危険なことをしたとき、その瞬間にひとつだけ注意をすること。それによって子どもも内容を理解することができるのです。

以上、職場でやりがちなことを例に5つのケースを見てきました。何よりも心に留めておきたいのは、**言葉にするのは相手の心に届けるため**ということです。「丁寧に伝えよう」「熱量で伝えよう」「得意なやり方で伝えよう」というのは結局はエゴです。〝相手のためを思って〟だとしても結果に繋がりません。

相手が受け取りやすいボールを知って、適した強さで投げることを念頭に、伝え方を考えましょう。

Point
相手が受け取りやすいアプローチ方法で伝える

自分の魅せ方を知らないから伝わらないケース⑥〜⑩

今度は**あなたがどんな人なのかを相手や周囲が知らない**ことが原因で起きる「伝わらないケース」を5つご紹介します。〝自然に空気を読めてしまう人〟〝周りへの気遣いが習慣になっている人〟〝心で感じるのではなく頭で考えすぎてしまう人〟にありがちなケースです。

Case⑥ 相手を気遣って NG×笑顔を作る

● **無理して笑顔を作っていても正しく自分を理解してもらえない**

心理学で、〈**返報性の法則**〉というものがあります。これは、相手から受けた行為などに対し、「お返しをしたい」と感じる心理のことで、笑顔についても当てはまります。笑顔で話しかけると相手も笑顔を返したくなるのだそう。

書店に並ぶコミュニケーションの本を見ても、高い頻度で〝会話のプロ〟たちが笑顔で会話することの効果をうたっています。接客業では確かに、効果的かもしれません。しかし、本当に仲良くなりたい相手や信頼を得たい相手と会話する場合はどうでしょう。

常に笑顔でいることが重要と考えたとき、それは誰のための、何のための笑顔なのでしょうか？

ここで私の個人的な話を少しさせてください。

私はもともと、癒《いや》し系や柔らかい表情とは対極にある顔つきをしています。そのため小学生の頃から、黙っていると不機嫌に見られることがよくありました。ですから、たくさんの人に見られるアナウンサーという職業について最初の3年ほどは、どんなときも〝ご機嫌な人〟〝楽しい人〟を演じなくてはならないと考え、常に笑顔を心がけていました。いわゆる作り笑顔です。おかげで「不機嫌そ

う」と言われることはなくなりました。でも、

放送直前にトラブルに見舞われても笑顔
仕事で睡眠不足でも笑顔

ここまでは大丈夫でした。しかし、

体調が悪くても笑顔
失礼なことを言われても笑顔……

このとき、ふと思ったのです。

この笑顔は一体誰の、何のための笑顔なんだろう……
この作り笑顔は、周りに対して誠実だといえるのだろうか？

作り笑顔をすることで〝明るい人〟と認識されていることはわかっていましたが、周りとうまく意思疎通できていない気がしていました。当然ですよね。笑いながら「お腹が痛いから休憩《きゅうけい》します」と告げたり、「それはどういう意味ですか!?」と怒ったりしても、言いたいことが相手に伝わるはずがありません。

- 相手を不快にさせないため
- 場の空気を乱さないため
- 自分が好かれたいがため

今、こんな意図で笑顔をがんばっている人がいたら、その作り笑顔はすぐにやめることを提案します。なぜなら、笑顔は「大丈夫」や「承認します」といったメッセージになるから。

無理して笑顔を作って、**間違ったメッセージを発してしまっては自分を正しく理解してもらえません。**

●無理して笑顔を作らずに真顔で接すればいい

では、どうしたらいいかというと、普段の顔を〝真顔〟にすることです。真顔で何の問題もありません。真顔は笑顔の反対というわけではないのですから。

私のように油断すると真顔が不機嫌に見られがちな人は、口角をちょっと上げる〝ニッコリ〟くらいでちょうどいいと思います。「それでは返報性の法則が働かないじゃないか」と言われそうですが、それでいいのです。**作り笑顔に作り笑顔が返ってきても人間関係が良くなるわけではありません。**

仲良くなりたい、わかり合いたいと考える相手の前では自然と柔らかい表情になるものです。正しく自分のことを知ってもらうためにも、そして相手に誠実に接するためにも、偽の笑顔で愛想よく振る舞うのはやめましょう。

Point
▼▼▼
作り笑顔は不要。ニッコリ真顔をデフォルトに

Case ⑦ 嫌われたくなくて………NG×相手に同調する

● 相手に調子を合わせてばかりだと自分のことが正しく伝わらない

コミュニケーションについて語られる際、よく耳にする言葉〈**傾聴**〉――相手の立場に立って、相手の気持ちに共感しながら、相手の話を理解しようとする姿勢――それはとても大事なものだと思います。誰もが「話を聞いてほしい」と思っているもの。だから「〝話す割合〟よりも〝聞く割合〟を増やすと、また会いたいと思ってもらえる」と言われるのは、確かにその通りだと思います。

また、会話をするときは、「相手が話しやすい話題で回したり、大げさに頷《うなず》いて反応したりすると、なお盛り上がる」といったこともコミュニケーションのテクニックとして、よく紹介されることです。

ただし、これらの手法は使いすぎに注意が必要です。なぜなら、それらは接客であり、いくらその場で会話のやりとりがうまくいったとしても、**根本的な人間関係を育むものではない**からです。

大阪でタクシーに乗ると、たまにすごくおしゃべり好きな運転手さんに出会います。行き先を告げるとその後はなぜか運転手さんの身の上話が止まらなくなることも。

タクシーの運転手さんって、人生経験が豊富で話が面白い方も多いですよね。なので、こちらもつい相手が気持ちよく話せるように調子を合わせることがあるのですが、降りるときにスッキリした笑顔で、

「ほな、3000円」

と言われると、

（いやいや、接客したのは私なんだけど……）

と言いたくなることも（失礼）。

相手に調子を合わせて会話をすることを否定するわけではありません。初対面の人や一度きりしか会わない人を相手にするとき、そういった雑談をすることは、楽しい時間を共有するという意味で有意義なことだとも思います。

しかし、職場や学校、パートナーのように長い期間付き合うことになる相手とは、軽々しく調子を合わせることをしない方がいいのです。その理由は、**あなたのことが正しく伝わらないから**。

たとえば、職場の会議などで発言する前や、仲の良い複数の友人との会話の中で、次のように感じたことはありませんか？

- 自分は別の意見があるけど、嫌われると面倒だから頷いておこう
- そんなこともわからないのかとバカにされるかもしれないから言わないでおこう
- 空気を読めない奴だと思われたくないから黙っていよう
- よくわからないけど、とりあえず頷いておこう

私も過去に覚えのある感情です。

会社に入って数年、私は発言することを避けてきました。たくさん頷いて、同調することで共感しているのだという態度を示し、周りとうまくコミュニケーションを図れているつもりでいました。意見を言う場面では、〝その場で求められる意見が何か〟という正解を探し、それを言うことで凌《しの》いできました。

けれども、あるとき先輩からこう言われたんです。

「あなた、自分はないの？」

ショックでした。

私の演技は、仲間には全部お見通しだったんですね。意見を押し殺すことは自分のためはおろか、相手のためにもなっていなかった……

私のしていたことは、少なくとも信頼を得られるコミュニケーションではなかったわけです。

● 自分自身を表現しないことは相手に対して失礼になることもある

このように意見を言わないことや、本心ではないのに場の空気が変化することを怖れて同調するというのは、実は相手に失礼なことにもなり得ます。

また、特に仕事において話し合うチームの仲間や、親友・パートナーなど深く関わり合って本当にわかり合いたい相手には、自分の思いや意見を表現していかないと自分の存在価値を認めてもらえません。**自分を表現することは相手のためでもあり、自分のためでもある**のです。

前に揚《かか》げた4つの感情。これは相手や周囲を信頼していないから起こる感情です。「言っても受け入れてもらえない」と勝手に決めつけてしまっているんです。

私は臆病ですから、正直に言うと、今でも会議などの場で似たような感情が湧くときがあります。けれどもそんなとき、ボソッと意見を言うと、

「そう！　実はわたしも同じことを考えてた！」や、

「確かにその視点はあるな。面白いかも」

といった反応が得られることも。

自分の居場所を確認できる瞬間です。**「言っても受け入れてもらえない」は妄想**です。

聞き上手な人は貴重です。

けれども、自分をわかってもらうことも、同じくらい重要です。

「わたしもそう思う」と「わたしはこう思う」の両方を使って、自己表現できる人になりましょう。

Point ▼▼▼ 安易に同調しない。自分を表すと居場所ができる

Case ⑧ 表現力を磨こうと……NG×語彙力を鍛えようとする

●難しい言葉を使わなくても表現の幅を広げることはできる

本を読むことなどで、いろいろな言葉の意味を知って使えるようになれば、表現の幅が広がり、伝える力もつきます。しかし、知っていることと使えることとは別です。**知っていても使えなければ、表現の幅が広がることはありません。**

ここで、私がアナウンス部長をしていたときの話をさせてください。

食リポを控えた若手のアナウンサーがある日、私にこう尋ねてきました。

「明日、日本酒を試飲してリポートをするんですけど、なんて感想を言ったらいいですかね？」

「そりゃあ、まだ飲んでないからわかんないよ」と言いつつ目をやると、すぐ横で【日本酒　味　感想】で検索している後輩の姿がありました。

（なるほど、そうきたか……）と思いながら、どうしてその思考に至ったのかを考えてみると、次の3つのことが思い浮かびました。

- 日本酒を飲んだ感想はコレという〈正解〉があると思っている
- 日本酒を飲んだ経験が少なくて記憶とすり合わせることや比較ができない
- 感じたことをその場で咄嗟《とっさ》に言語化する自信がない

そこで、改めて本人に話を聞いてみると、このどれもが当てはまることがわかりました。

【1つ目】▼日本酒を飲んだ感想はコレという正解があると思っている――これについては、「人それぞれ感じ方は違うから〈正解〉をネットで探しても見つからないのだ」という話をすると安心していました。問題は2つ目と3つ目です。

【2つ目】▼日本酒を飲んだ経験が少なくて記憶とすり合わせることや比較ができない──日本酒を飲んだ経験がなければ、その味を表現することが難しいのは確かですよね。たとえば、ワインと比較して「フルーティですね」や「飲みやすいですね」などと言うことはできますが、視聴者の方に味を伝えるといった観点から言うと不十分です。伝わる力が弱いんですね。

ですから、本番前に酔っぱらわない程度にいろいろ飲んでみて、専門家から話を聞き、日本酒の味を感じたり、比較したりするように伝えました。

【3つ目】▼感じたことをその場で咄嗟に言語化する自信がない──感じたことを言葉にできないのは、言葉のアウトプットがうまくいっていないからです。感情は確かに動いているはずなのに、それに合った言葉がすんなり出てこないという状態ですね。確かに、気持ちとぴったり合う言葉を咄嗟に導き出すのは難しいものです。

この力は、毎日3行でいいので日記を書くことで養うことができます。おススメは消えないペンで書いて、そのあと心にしっくりくるか、もっとピッタリ合う言葉はないかと考えながら、30秒間文字を眺めてみることです。書き直せないと思うと慎重に言葉を選ぶようになります。書いてしまった後に違和感を抱きながら文字を眺めるのは気分が悪いですからね。

また、感じていることを言葉で言い換えるために私が最も重要だと考えるのは、語彙力《ごいりょく》を鍛《きた》えることよりも、**経験とアウトプットの数を増やす**ことです。

これまで飲んだことのなかった日本酒を口にしたことを例にすれば、

専門家「それは味にふくらみがあるでしょう」
あなた「なるほど。確かにふくらみがありますね」

であるとか、

専門家「スッキリ素朴な味わいが好きなら、こちら」

あなた「あぁ、たしかに喉越《のどご》しがスッキリしていますね」

といった会話を交わしながら飲めば、難しい言葉を使わなくても新しい表現が使えるようになるのです。ちょうど赤ちゃんが言葉を覚えるのに似ていますよね。

目で覚えることだけでなく、書くことや聞くこと、味わうこと、匂いを感じることなど五感を使って覚えたことは記憶に残りやすいものです。難しい言い回しをしなくても、伝わる言葉は見つかります。

既に身についているやさしい言葉を的確な場面で使えるように、新たな経験を積んで、これまで出会わなかった様々な人と会話をしましょう。

Point
様々な人と出会い、新しい経験をする中で言葉をアウトプットする

Case ⑨ わかる人にはわかると……NG×自己アピールしない

自分のがんばりは自分しか知りえない

突然ですが、あなたは人から「すごいね」と行動を褒められたときに、どう返しますか？

そのまま「ありがとう」と受け入れたらいいと聞いたことがあっても、

「いえいえ」と謙遜《けんそん》したり、

「全然」と否定してしまったり……

こうしたことは、多くの人が経験のあることだと思います。ましてや「自分のがんばりや成果について自らアピールするといったことは苦手」という人は多いのではないでしょうか。

たとえば、会社員の方なら、きちんと上司に自分のがんばりを説明できていいますか？　自己アピールすることは悪であり、恥ずかしいことだと感じてはいないでしょうか？

人事評価制度は、近年スキルや仕事に対する姿勢を評価する能力主義から、結果重視や役割主義に移行しつつあると言われています。役割主義とは、働く人それぞれが持つ役割に基づく行動を評価する制度のことですが、企業から期待される役割をどれだけ果たしたかというのは、数値では測りにくい部分です。

- 自分だけ正当に評価されていない
- 上は全然わかっていない

もしもそう感じるのであれば、評価する側に対して、**自分のいいところを十分にアピールできていない**ことが原因かもしれません。そう言うと、

結局、言ったもん勝ちなのか!?

と思われるかもしれませんが、言わなければ伝わらないことって、たくさんありますよね。**どのように仕事に向き合い、役割を果たしてきたのかは、本人しか知りえない**ことなのです。

●理解してもらえるはずと相手を信じても報われないかもしれない

これは職場における人事評価に限ったことではありません。学校や家庭においても、周囲の人に自分について知ってもらうことには、次のようにたくさんのメリットがあります。

- 情報が集まる
- 苦手なことや弱点は周囲に助けてもらえる
- 相手も自己開示がしやすくなり、協力し合える
- 周囲にあなたがどんな人なのかがわかり、意思の疎通が楽に行える

たとえば、専業主婦の方なら、普段見えにくい家事の成果を知ってもらう会話をパートナーとできれば、二人の関係はより親密になるでしょう。

自己アピールの対極にある「わかる人にはわかるはず」や「どこかで誰かが見てくれている」と信じる気持ちもわかります。しかし、その方法を選ぶなら、時間がかかったり、誤解されたりするなど、報われないケースがあることを覚悟しなくてはなりません。

信じた結果が報われないかもしれないのなら、自分を知ってもらう努力をした方がいいと思いませんか？　大切なのは、**知ってもらうことを人任せにしない**こと。自分から表現することです。

Point
自分について知ってもらう努力をする

Case ⑩ 頼ってはいけないと……NG×一人で努力を続ける

●行き詰まったら自分一人で抱え込まずに早めにチームを頼る方がいい

職場や学校、地域のコミュニティなど集団の中では、チームで何かに取り組むことがあると思います。その中で、自分のしていることが行き詰まったときには、早めに自分一人で抱え込むのをやめることが大切です。

結果にこだわるのならば、「時間をかけて締切ギリギリまで自己流で何かしら形にしよう」と考えるのは得策《とくさく》ではありません。なぜなら、チームでの取り組みは、個人でテストの点数を取りにいっているときとは違い、あなたの手を離れ、業績や結果となって外に表れるものだからです。また、一人きりで考え込むせいで視野が狭くなってしまうことだってあります。

影でどんなに努力をしたとしても、努力の方向を間違えてしまうと、時間をかけてもいい結果が生み出されることはありません。

ラジオパーソナリティの仕事をしていたとき、困ったことが起きました。毎日テレビやラジオに出ていると日常の大半が仕事になってしまうため、話すネタが尽きてしまったのです。

話すことがなくなると、冒頭の挨拶ではありふれた天気の話や、新聞やテレビから得た二次情報を伝聞で話すしかなくなります。どこにでもあるネタでは新鮮味も独自性もないとわかっていながら、本番前は新聞をめくり話すネタを探す日々が続いていました。そんなとき、

みんなどうやってネタを探しているんだろう?

そう思って周りを見渡すと、私とまったく逆のことをしている人を見つけました。

当時から数多くのレギュラー番組を持ち、人気を得ていて、今も活躍している宮崎放送の川野武文アナウンサーです。

彼は本番1時間前になるとデスクに座ることなく、あっちこっち社内をウロウロしてスタッフと談笑《だんしょう》します。そして、本番直前に自分の席に戻ってきてようやく落ち着き、小さい紙やノートにメモをする……これが彼のネタ探しのスタイルでした。

自分一人の力で何とかするのではなく、他人の力を借りながら、いい結果を生み出しています。私にとっては、このことが大きな気づきになりました。

●タイプの異なる聞き上手な人と話すことにはメリットがたくさんある

川野アナスタイルが役立つのは、アイデアに枯渇《こかつ》したときだけではありません。何かしら壁にぶち当たったり、考えがまとまらなかったりするときは、**人と話すことで解決への糸口が見つかる**ことがあります。

でも、ここで注意しないといけないことがあります。

人と話すといっても、相手が誰でもいいわけではありません。次の3つの特徴がある人でなくてはなりません。

- 話を聞くことが好きな人
- ちょっとしたことでも面白がってポジティブな反応をする人
- 別の年代や性別などなるべく自分とはタイプの違う人

つまり、自分とはタイプの異なる〝聞き上手な人〟ですね。この特徴を持つ人と話をしていると、次のようにいいことがたくさんあります。

▼話をしているうちに……
↓ 自然と自分の考えがまとまっていきます。

▼面白がって前向きな反応をしてくれる人が目の前にいれば……
↓ 新しいアイデアが浮かんだときに、抵抗なく口にすることができて反応を確かめられます。

▼タイプが違えば……

↓別の角度から気づきを得たり、ヒントを提示してくれることもあります。

▼一人で悩むのをやめると……

↓絶対に出てこないアイデアが簡単に浮かぶこともあります。

●周りの頼れる人を見つけることから始めてみよう

仕事でわからないことがあったり、躓《つまず》いたりしたときに、一人で抱えてしまう人は、自分で解決しなければならないと思い込んでいます。真面目で責任感が強いのでしょう。上司に助けを求めて「自分の頭で考えろ」と言われた経験がある人もいるかもしれません。

しかし、それでも締切間際や修正が間に合わないタイミングまで抱えてしまうのではなく、早めにSOSを出すことが大切です。チームで行う仕事はあなただけの責任ではないからです。

相談の仕方にはコツがあります。それは自分なりの仮説を立てて相談すること。

「ここまでは考えましたが、ここから先の突破口が見つからないので、アドバイスをください」

「自分としてはAではなくBだと思いますが、○○さんならどうしますか」

たとえば、こうした言い方で教えを乞《こ》うと、あなたの責任感ややる気に対してプラスの印象を保ったまま、アドバイスをもらうことができますよ。

仕事で周りを頼るのは弱いことでも悪いことでもありません。むしろ逆です。**結果を出している人は周りを巻き込むことが上手**です。まずは殻《から》を飛び出して、周りを見渡すことから始めましょう。

Point

3つの特徴を持っている人を探す

まとめ

「伝わらない……」を「伝わる！」に変える

コミュニケーション 10のポイント

Point 1 臆することなく聞く

Point 2 そのまま受け止める

Point 3 相手の話に没入する

Point 4 相手の話に乗っかる

Point 5 相手が受け取りやすい方法で伝える

Point 6 作り笑顔よりもニッコリ真顔

Point 7 安易に同調しない

Point 8 出会いと経験の中で言葉を覚える

Point 9 自分を知ってもらう

Point 10 多様な人に囲まれる

Chapter 2

第２章

相手を知るために「観察」するときの極意

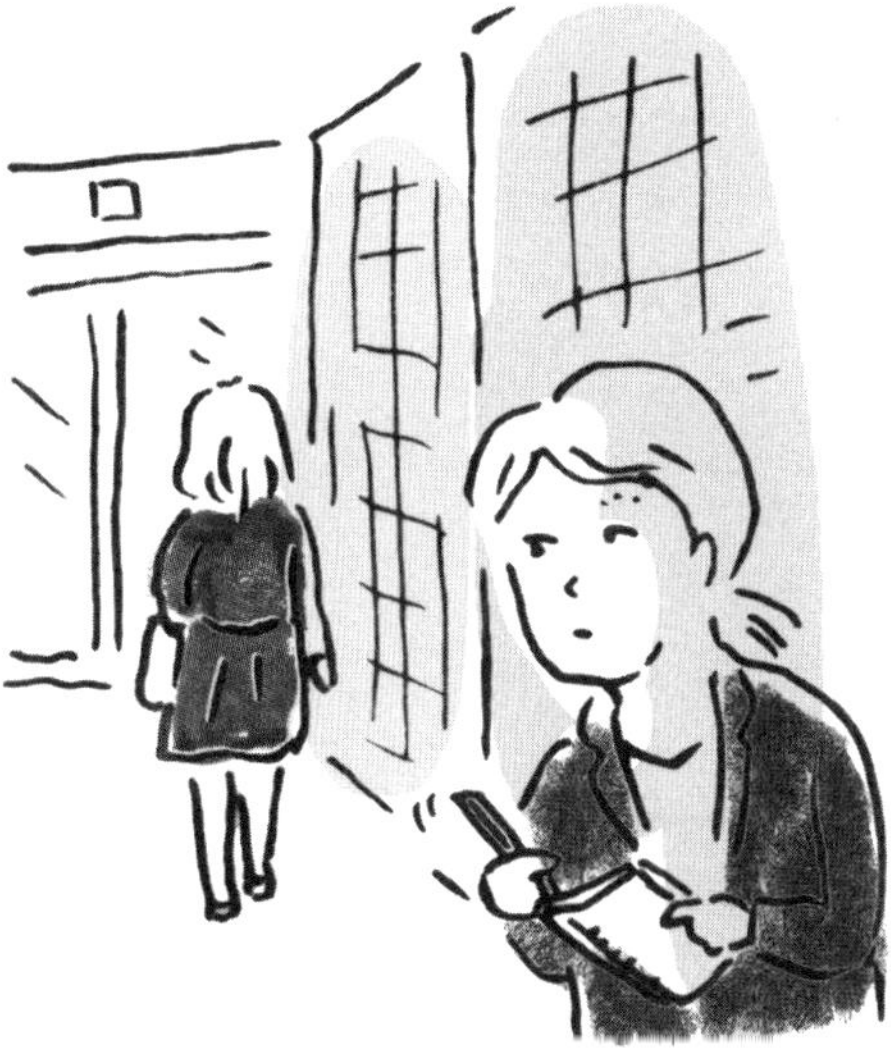

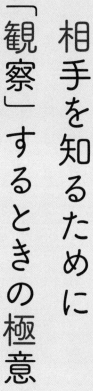

会話の前に大切な〝場を整える〟

みなさん、日頃の会話でこんな悩みはありませんか？

- 最後まで話を聞いてもらえない
- 声をかけてもいいタイミングがわからない
- 話の途中で突然相手が怒り出してビックリする

職場でも家庭でも、このようなケースはすべて、相手を知らずに伝えようとするから起きる悩みです。うまくいかない原因は、実は話す前の段階にあります。この章では、会話の土台となる〈**場を整える**〉こと。そして、そのために必要な〈**観察方法**〉について、手順を追って説明していきます。

観察をすれば、会話の場を整えることができる

● 場が整っていれば、相手の方から話を聞こうと身を乗り出してくれる

会話をする前に大切なこと。それは〈**場を整える**〉ことです。

たとえば、冒頭にご紹介した3つのケース――〝最後まで話を聞いてもらえない〟〝声をかけてもいいタイミングがわからない〟〝話の途中で相手が突然怒り出してビックリする〟――これらはいずれも、

- 相手が好む話の長さ
- 相手にとって心に余裕のあるタイミング
- 相手の好みの話題

など、相手のことを知っておいて、事前に〝会話の場〟を整えることさえできれば、簡単に解決できる悩みです。

場が整っていれば、うまく説明できず、時間がかかったとしても**相手の方から話を聞こうと身を乗り出してきます**。ましてや予想もしないタイミングで、相手が突然怒り出すというようなことは起きません。

しかし、場が整っていなければ、相手の心に言葉を届けるためには、話し方のテクニックを工夫するしかなくなり、話し方の難易度はグッと上がってしまいます。だからうまくいかないのです。

● 円滑なコミュニケーションを図れるようになる第一歩は観察すること

場を整えることは、自分だけでできることです。誰かに協力してもらう必要はありません。

やり方はただ〈**観察する**〉だけです。

このことを多くのコミュニケーションのプロたちは〝空気を読む〟や〝相手の立場になる〟という言い方で説明しています。

しかし、私があえてここで〝観察〟と言い換えているのは、会話をするその瞬間だけでなく、もっとずっと前から、持続的に相手を知るために行動することを含めたいからです。

会話をしている瞬間だけ空気を読んだり、相手の立場になったりするのではなく、できればそのずっと前から、相手のことを観察しておくことがポイントです。

また、〝空気を読む〟と言われても、どうすればいいのかわからない人もいると思います。そういう人でも、〝観察〟なら経験があるはずです。

小学生のとき、アサガオの観察をしませんでしたか？　あれとまったく同じです。難しく考える必要はありません。もしもいま、職場で上司とうまく話せなくて悩んでいるなら、上司のことをアサガオかヘチマだと考えて、日頃から観察するようにしましょう。

それが円滑なコミュニケーションを図れるようになる第一歩です。

7つの観察項目

● 伝えたいことを相手にきちんと届けるために相手を観察する

相手を観察するといっても、果たして何を観察すればいいのでしょうか？

それを考える前に「観察」という言葉について確認してみましょう。辞書にはこうあります。（引用：『大辞泉 第二版』小学館）

1. 物事の状態や変化を客観的に注意深く見ること。「動物の生態を―する」「―力」
2. 《「かんざつ」とも》仏語。智慧によって対象を正しく見極めること。

「物事の状態や変化」というのはコミュニケーションにおいて、

- 相手の状況
- 心の変化

の2つを指します。
この2つを観察するための主な項目は次の7つです。

①相手が抱える大まかなスケジュール
②相手が好むコミュニケーションの手段
③相手が好むコミュニケーションの癖
④相手が好むコミュニケーションのスピード
⑤相手がいま関心があること
⑥相手が大切にしている価値観や趣向
⑦相手の表情や反応の変化

これらを客観的に見るということです。読んでわかるとおり、すべて〝相手〟が主です。何かを観察するときに、自分の都合は関係ありませんよね。

なぜこの7つを観察するかというと、伝えたいことを相手に届けるには、自分のやり方ではなく、相手の方法に乗っかった方がうまくいくからです。

- 言いたいことがようやくまとまったから今すぐ上司に話しに行く
- メールを書くのは苦手だから直接話す

というように〝やり方〟を決めている人をよく見かけますが、それでは伝わりません。なぜなら相手が聞く態勢にないからです。

花を咲かせたいからといって1時間おきに水をやる人はいませんよね。土が乾いているかを観察してからやるはずです。**伝えたいことがあるなら、まず相手を知ること**。そのための観察であることを忘れてはいけません。

●観察するときは客観的な事実を見るようにする

もうひとつ、〝客観的に見る〟ということも重要なポイントです。

職場でのこんなシーンを例に考えてみましょう。

月曜の午前11時半。
上司はパソコンから目を離してぼんやりしています。
そこに今年入ったばかりの新入社員が仕事の相談をしに行きました。
すると上司は、「今は忙しいから後でもいいか?」と返事をしています。
新人はしぶしぶ自分の席に戻っていきました。

この上司を観察してわかることは、次のうちどちらでしょう?

【A】上司はお昼前でお腹が空いているから部下の話を聞く余裕がないようだ。
暇なのに新人に対して「後にしろ」だなんて、心が狭い上司だ。

【B】週明け月曜の午前、今朝はゆっくり話を聞く余裕がない様子だ。
作業はしていないが何か考え事が頭を占めている。
後でいいかと提案をしているから、話を聞く気はあるようだ。

正解はもちろん【B】ですよね。このように事実だけを見るようにしましょう。

【A】の「お腹が空いているから」や「暇なのに」「心が狭い」は、もしかしたらそうなのかもしれません。しかし、この時点では客観性を欠いています。それで自分勝手に判断してしまうのは良くありません。

なぜそれがいけないかというと、もし主観でした解釈に誤りがあった場合、その後あなたがコミュニケーションの仕方を間違える可能性があるからです。

たとえば、この場合なら、「お腹がいっぱいの午後の早い時間ならば話を聞いてもらえるはず」と安易に考えてしまったり、「部下の話を聞かない上司だ」というレッテルを貼ってしまったり……

このような**誤解の積み重ねが、「あの人は何を考えているかわからない」とコミュニケーションを複雑にしてしまうひとつの要因**となるのです。

● 立てた仮説を観察によって裏付けていくのが効果的

一方で、仮説を立てることは有効です。この場合の仮説は、

「お腹が空いていて落ち着かないのかな」とか、
「休み明けの午前はたまった仕事で頭がいっぱいなのかもしれない」などです。

しかし、この場合も一度の観察で決めつけずに、データを集めることを心がけましょう。

次第に**仮説がデータによって裏付けられてくると、相手のリズムがわかる**ようになっていきます。そうなれば、上司に相談する最適なタイミングがわかったり、双方ベストなタイミングで欲しい情報を与えたり、もらったりすることができるようになります。

話し方や聞き方のテクニックを駆使《くし》しなくとも上司から信頼され、最低限の労力で楽にコミュニケーションができるようになるのです。

職場で上司を観察するときのポイント▼観察項目①〜④

それでは、〝客観的に見る〟ということの意味がわかったところで、7つの観察項目をひとつずつ、職場で上司を観察することを例に確認していきましょう。

Point ① 相手のスケジュール

● **話しかけるベストなタイミングを知る**

相手のスケジュールを観察する目的は、**相手の生活リズムを知るため**です。

人は誰でも習慣となっている生活パターンがあります。たとえば、「朝は調子が悪い」「夕食は家族と共にすると決めている」などです。

「何をしているか」まで詳細に知らなくてもいいのですが、ざっくりと「いつが忙しい」のか、逆に「いつなら時間と心の余裕がある」のかを把握しておきましょう。それによって適した会話のスタイルが見えてきますし、ネガティブな報告でも受け入れてもらいやすいタイミングを知ることができます。

- 1年単位………忙しい月とそうでない月
- 1か月単位……大きな会議などを抱えていればその期間
- 1週間単位……定例の会議やその準備で忙しい曜日と、余裕のある曜日
- 1日単位………昼食のタイミング・残業の有無・ホッとしている時間帯

このような単位それぞれで、コミュニケーションを取りたい相手のスケジュールを大雑把に把握しておくことが大切です。

以前こんなことがありました。
私の勤める会社はコアタイムが夕方6時までなのですが、きまって夕方5時50分頃に相談をしてくる後輩がいました。

相談ごとを持ちかけてくるときは、いつも終業時刻ギリギリです。できるだけ自分一人で解決できる方法を探し、どうしようもなくなって相談してくるのでしょう。

しかし、このやり方では、後輩は望む結果を手に入れることはできないのです。なぜなら私はもう、サッサと自分の仕事を片付けて帰ることに気持ちが向いているから（ゴメンナサイ）。

そしてもうひとつ、親身になってその時間から相談に乗れば、おそらく後輩も残業が確定してしまうからです。

もしもこの後輩が、私が残業をしない人間だという観察データを持っていれば、もっと別のタイミングで話しかけてきたはずです。

このように、**相手のスケジュールを知るということは、互いにとって心地よいコミュニケーションをするための必須条件**なのです。

じっくり話を聞いてもらいたいときや、良くない報告をしなくてはならないから丁寧に話したいと考える場合は特に、相手にとって心に余裕のある日程や時間を選択するようにしましょう。物理的に時間が確保できるという意味ではありません。心理的に余裕があるかを、相手のスケジュールから読み解くのです。

もちろん、急を要する報告は別です。トラブルなどが起きて、すぐにでも上司の判断を仰《あお》ぐ必要があるようなことは、仕事をしていたら起きてしまうものです。そんなときは、どんなタイミングでも報告することが大切です。

しかし、そうでなければタイミングを見計らうようにしましょう。

相手が大きな案件を抱えているときや、長期の連休を控えて仕事から気持ちが離れる前に難しい相談を持ち掛けることは避けた方が無難です。相手が答えを導き出せる状況にないからです。その場合は再度仕切り直しましょう。

相手のスケジュールを観察していれば、どのタイミングで話しかけるとうまくいくのか、自然と見えてくるはずです。

Point ② 相手が好むコミュニケーションの手段

●相手と同じスタイルでアプローチする方がスムーズに進む

一般社団法人日本ビジネスメール協会が2023年6月1日に発表した「ビジネスメール実態調査2023」によると、仕事でメールを使うことのある人が用いる仕事上のコミュニケーション手段は、多いものから順に次のとおりでした。

① メール……………………98％*
② 電話……………………82％
③ テレビ会議・ウェブ会議……………76％

1位の「メール」や2位の「電話」は減少傾向で、ここにはない「チャット・メッセージングアプリ」と「会う」が増加傾向にあるそうです。

ただ、それぞれにメリットとデメリットがあるので、伝えたい相手や内容、目

*「メール」「電話」「テレビ会議・ウェブ会議」いずれも小数点以下四捨五入

的によって、みなさん使い分けていますよね。
たとえば、後で確認する必要がある事柄はメール、急な案件は電話、複数人での会話は手軽に使うことができるチャットを利用するなど。
一時は新型コロナウイルスの流行で減少傾向にあった「直接会って会話をするコミュニケーションの重要性」が見直されて、じわじわと増加しているといった実感も確かにあります。営業職の方は、特にそうかもしれません。メールやウェブ会議は便利だけれど、細かいニュアンスが伝わっているか不安ということもあるのでしょう。

効率やメリットではなく、直接話をすることを重視する人というのは一定数います。このことは、どの手段が正解かではなく、個人によって選ぶコミュニケーションの手段が異なるということを表しています。

私の勤めている会社では、社内に大きな声が特徴のリーダータイプの男性で、小さな連絡でも直接私のデスクまで来て伝える方がいます。私が離席しているとメモも伝言も残さず、大きな声で自分が来ていたことを伝えてくれと言って帰るそうです。見かけはゴルゴ13です。後輩が気を利かせてこのことを伝えに携帯電話に連絡をくれるので、私としては何か急ぎの案件かと初めのうちは折り返していましたが、大抵の場合たいした用事ではないので、そのうち折り返さなくなりました（失礼）。ただ、顔を見て声というエネルギーで伝えるというコミュニケーションスタイルなのだと思います。

　このようなタイプに自分から話を持ち掛ける場合、メールや電話ではなく、相手と同じ〝直接会う〟というスタイルでアプローチした方が、会話は断然スムーズに進みます。なぜなら、それがゴルゴ、ではなく相手が好むスタイルだから。メールを送っても、メールで返信されずに、向こうから直接出向かれてしまっては話しづらいですよね。

　自分の**伝えたいことが伝わるためには、相手のルールに乗っかる**ことが近道です。

Point ③ 相手が好むコミュニケーションの癖

●相手のメールの書き方に合わせる

今度は〝相手が好むコミュニケーションの癖〟の観察ですが、これは主にメールのやりとりの話です。

一般的にメールは、次のような書き方で始める人が多いと思います。

> ◯◯様
> おつかれさまです。

そうして、本文は20~30文字程度で改行されている場合がほとんどですよね。〝段落を変えた個所〟などまとまった内容のあとに空白行が入っていれば、長文でも読みやすいメールに仕上がります。

けれども時々出くわしませんか?

〝〇〇様〟も〝挨拶〟もなく、いきなり本文から入り、改行もなく、空白行もないメール。受け取ったことがある人は案外多いのではないでしょうか。

どうして、そういう形式でメールが書かれているのか、考えてみたことはありますか？


実は、メールを受け取る相手がスマホで読むとわかっている場合、気遣いからあえてそうしているケースがあるんです。パソコンの改行はスマホだと読みづらくなるというのがその理由なんですね。


注意したいのは、こういったメールに返信をする場合です。悩みますよね。

私はたいてい相手と同じパターンで返すようにしています。つまり改行なしのパターンです。

スマホでメールのチェックをするだろうと気を利かせてくる相手は、自分もコミュニケーションの手段としてのメールを、パソコンではなくスマホでチェックしている可能性が高いからです。

逆に、丁寧な挨拶で始まるメールを送ってくる相手には、面倒でも丁寧な挨拶を欠かさないようにしています。理由は相手が〝挨拶を大切にしている人〟だからです。

自分が大切にしているものを同じように大切にする相手に、人は好感を持ちます。

仕事で1日に送受信するメールは平均で65通というデータがあります（一般社団法人日本ビジネスメール協会「ビジネスメール実態調査2023」より）。「それだけの数のメールを全部、相手に合わせて書くなんて無理」と思われる人もいるかもしれませんが、特徴のあるメールは一部だけです。そうした**特徴のあるメールに柔軟に対応できれば、あなたは人よりも一歩相手の心に近づく**ことができますよ。

Point ④ 相手が好むコミュニケーションのスピード

● 会話のスピードが合うと心地よく話せる

突然ですが、ナレーションの仕事で最も注意を払うのは何だと思いますか？
それは〈**呼吸**〉です。

番組の視聴者層に合わせて、活動的な若い層に見てほしい場合や浅い時間帯はやや速いテンポで、高齢者層や深夜に見てほしい場合は十分な間《ま》を取りながらゆっくりと話すようにします。

しかし、話すスピードに気をつけようとしても、すぐに自分のペースに戻ってしまいます。
これを防ぐための鍵となるのが、**呼吸をコントロールすること**なんです。ゆっくり呼吸しながら速く喋ることはできないですからね。

● ゆっくり話そうとするとき

深く長く息を吐き出すことを1分間繰り返してから話し始めると、安定してゆっくりと話せます。

● 速いスピードで話そうとするとき

その逆で、走った後のように勢いよく息を吐き出せば、簡単に自分の話すスピードを操ることができます。

このことを普段のコミュニケーションで活用しましょう。

歩くスピードや仕草、リアクションなどから相手がどんな速さで呼吸をしているか観察し、合わせてみるんです。ゆっくり話す人に、たたみかけるような言い方をしても届きませんし、逆もしかり。

スピードが合うと感じる相手とは、心地よい会話が長く続くものです。

●メールやお礼もスピードを大切に

メールの場合は、やりとりのスピードが速い相手には、相手と同じスピードで返信を送った方が相手のストレスになりません。じっくり考えてから返信しなくてはならない内容であれば、ひと言「拝受しました」という連絡だけでも入れておくと、相手から信頼を得ることができます。

そして、スピードが大事なものといえば、〈**お礼**〉です。

「次、会ったときに言おう」などと言う人をたまに見かけますが、**お礼は生ものです。**

感謝は湧いたその瞬間に伝えるからこそ相手の心に届くもの。「次に会ったときも言うし、今もメールする」で構いません。

お礼だけは相手が誰であっても、できるだけ早く伝えましょう。

仲良くなりたい相手を観察するときのポイント ▼ 観察項目⑤〜⑦

さて、ここまで読んでくださった方の中には「相手に合わせてばかりじゃないか。どうしてそんなことをする必要があるのか？」と感じている人がいるかもしれません。

しかし、ここで確認しておきたいことは、①〜④で相手に合わせているのは、媚《こび》を売ることや好かれることが目的ではないということです。あなたが伝えたいことを相手にすんなりと受け入れてもらうため。そして、あなたを大事に扱ってもらう手段として、相手に合わせているのです。

一方、このあとご説明する⑤〜⑦は、相手に合わせなくてはならないものではありません。事前に知っておくことで相手が考えていることをより理解し、会話に役立てて相手に近づくためにする観察です。

ぜひ信頼を得たい相手を想像しながら読んでみてください。

Point ⑤

相手がいま関心があること

● 相手を知っておくことが距離を近づける

恋愛をしているとき、「相手のことを知りたい！」と思いますよね。相手が好きな映画を見たり、本を借りて読んでみたり。昔はカセットテープに好きな曲をまとめてもらったりもしました（昭和だ……）。相手が関心のあるものについて知るだけで、少しだけ相手の心に近づけたような気がするんですよね。

私は仕事でインタビューをするときや、ゲストとしてお迎えする方が初対面の場合などは、必ず**事前に相手について情報を得てから会う**ようにしていました。今はSNSのプロフィールや投稿で簡単に日常を垣間見る《かいまみる》ことができます。これがコミュニケーションに大いに役立ちます。

どう役立つのかというと、まず会話をしようと向き合ったときに、相手を身近に感じる効果があります。これが侮《あなど》れません。初対面なのに少しだけ相手を知っているることで、相手への関心が高まるんです。共通の趣味があるとわかれば、なおいいでしょう。もっと知りたいと自然に心が相手に向かう効果が感じられるはずです。

また、事前に仕入れていた相手の関心ごとや情報が会話の中で出てくることもあります。テストで前日に勉強していたところが問題として出されたときの感覚を思い出してください。あれと同じです。慌てず冷静に対処することができますよね。もし個性的な趣味や意見が出てきても、接するのが二度目なら相手に敬意を払い、配慮しながら会話を進めることができます。

これらはすべてあなたの**目線やリアクションの良さ、相手と話そうと積極的に近づいていく**といったことから、無意識に相手に好反応として伝わります。

相手を事前に知っているからこそ、できることです。

よほどのことがない限り、自分のことを知りたいと関心を寄せる相手のことを嫌う人はいません。ですから、相手について事前に知識を入れておくことは絶大な効果があるのです。

Point ⑥ 相手が大切にしている価値観や趣向

● 自分がいいと思うことが、必ずしも相手にもいいわけではない

相手が大切にしている価値観や趣向を知ることがいかに大切か、そのことを紐解くのに、まずは3つの話をみていきましょう。

①▼逆効果のサプライズ……

先日、カフェで隣に座った20代と思われる女性2人が、こんな話をしていました。どうやら片方の女性が最近盛大なサプライズを受けた様子なのですが……


「サプライズって苦手だわ」

「嬉しくないの？」

「喜ばなきゃいけないというプレッシャーがしんどい。（企画者とは）合わないかも……」

答えを聞いて、なるほどと思いました。
これが本音なら、サプライズした側にとっては非常に残念な結果のはずです。喜ばせるつもりで企画したサプライズが原因で逆に疲れさせてしまっただけでなく、知らない間に二人の関係までもが危《あや》うい状況となっているのですから。

②▼相手が断る理由にまったく思いが至らず……

夕方、電車の中で年配の男性が、眠っている赤ちゃんを抱いた女性に、何度も席を譲《ゆず》ろうとしている場面に出くわしました。女性は数回丁寧に断ったあと、それでも座るようにと強くすすめる男性に困ったようにこう言いました。

「座ってしまうと立ち上がりにくいので」

座ったとたんに起きてしまい、泣き出す赤ちゃんだって多いですよね。安全面は別ですが、座りたい人もいれば、そうでない事情がある場合も。

③▼先輩のためにと思ってやったことが……

職場なら、こんな話を聞いたことがありませんか？
積みあがった資料がいつ倒れてしまうかわからないほど、乱雑で散らかった先輩のデスクを、良かれと思って整理してあげたら、

「何がどこにあるかわからなくなった」

と叱《しか》られたという話。

ここに書いた3つの話は、どれも相手のために良かれと思ってやったのにもかかわらず、**相手の価値観や趣向を知らなかったばかりに喜んでもらえなかった**事例です。小麦アレルギーのある人に美味しいピザ屋さんに行こうと誘うことや、旅行を共にした友人がリラックスした時間を過ごしたいと思っているのに観光に連れ回すことも同じです。

● 価値観や趣向は人それぞれだからこそ情報を得るようにしたい

相手との関係を損なう可能性があるのは、なにも政治や宗教、収入や結婚、血液型など個人の深い部分に関する話題だけではありません。

人の数だけ、オリジナルの価値観や趣向があるのです。

相手を知らないことで生じるコミュニケーションのズレ。これを起こさないためには2つのことを意識しておきましょう。

ひとつは相手と自分は別の生きものなのだと認識しておくこと。

もうひとつは相手が大切にしていることは何か、譲れない価値観や趣向はどこにあるのかを知ろうとすることです。

会話はプレゼントと同じです。

相手の情報を得て、相手も自分も心地よいコミュニケーションを目指しましょう。

Point ⑦ 相手の表情や反応の変化

●いつもと違う変化に注目して臨機応変に対応を

観察をする上で最も大切なのは〝変化に注目すること〟と書きましたが、相手を観察する上で、注目すべき具体的なポイントを8つ挙げておきます。

- 表情……………（明るい／暗い／険《けわ》しい／硬い／柔らかい）
- リアクション……（大きい／小さい）
- 仕草……………（腕組み／貧乏ゆすり／ためいき）
- 姿勢や視線の高さ……（いつものスタイルか）
- 動作や反応のスピード…（速い／遅い）
- 声………………（大きい、張りがある／小さい、細い）
- 言葉遣い…………（丁寧／雑）
- 口数……………（多い／少ない）

いつも話している相手に話しかけてみたとき、もしも相手がいつものその人と違うように感じられたら、あなたは普段の会話の仕方と変える必要があります。

たとえば、

- いつもと比べて表情が硬い
- 反応が薄い
- いつもはしない貧乏ゆすりをしている

こんなときは、相手はいつもの相手とは違うと言えるでしょう。

また、話し方を変えるのと同時に、変化の原因を探しましょう。どんなことがあると相手に変化が起こるのかを知っておけば、話しかけてから変化に気づくという以前に、そもそも話しかけるのをやめるといった対策を練《ね》ることができるからです。

原因が自分にはない相手の不機嫌や不調に対して、不安になったり振り回されたりする必要はありません。淡々と観察に徹しましょう。

相手が職場の同僚であれ上司であれ、仲の良い友人であれ、見るポイントは同じです。**いつもとは違う変化に注目**します。話すスピードや、落ち着き、表情の違いは、近い関係にあればあるほど気がつきやすいでしょう。

そして、この観察は会話が始まってからも続けます。言葉にしない相手のメッセージを変化から読み取り、臨機応変に対応しましょう。

第３章

自分を知ってもらうために「表現」するときの極意

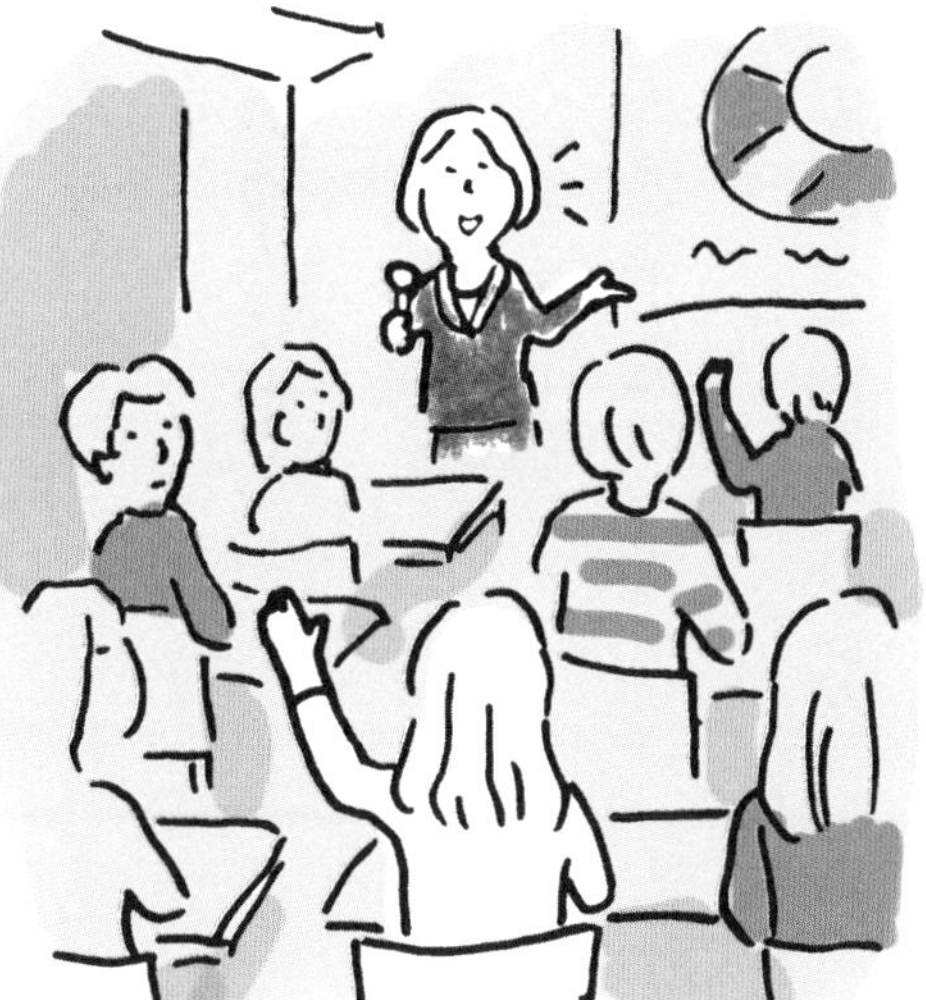

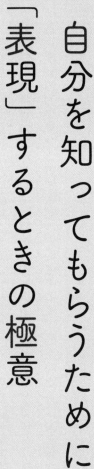

人見知りでも大丈夫！　話しかけられる人になる

あなたの周りにこんな人はいませんか？

- 積極的に人の輪に入るタイプではないのに、なぜか好かれている人
- 口数は多くないが、いつも友達に囲まれている人
- おとなしくて主張が強いわけではないのに、周りから評価されている人

これらの特徴を持つ人には共通することがあります。それは、**魅力的**なこと。面白い話ができるとか、才能があるといった話ではありません。自分を最大限魅力的に見せる方法を知っているんです。魅力的な人は人を惹きつけます。

魅力的になると、ほかにもこんなにいいことがあります。

- 気の合う仲間ができる
- 様々な情報が自然に入ってくる
- 困ったときに助けてもらいやすい
- どんな言い方をしても好意的に解釈してもらえる
- 感謝される
- 自信が持てるようになる
- 表情が明るくなり、モテる

etc.

この章では今この瞬間から身につけることができる〝自分の魅力を最大限に発揮する**表現のテクニック**〟をお伝えします。

誰でもできる簡単な方法ばかりですが、一度身につけて効果を感じれば、一生手放せない技術だとわかるでしょう。あなたもぜひ身につけて、ご自身の良さを最大限に表現してみてください。

魅せる技術で差をつける ▼▼▼ Part 1 【声】で魅せる

まずはアナウンサーにとっての商売道具ともいえる【声】で魅せる技術からお伝えしていきます。ここでは3つのポイントがあります。

Voice ① 表現の源はエネルギー

●体の中に十分なエネルギーがないと、外に出すこともできない

「相手に届く大きさで滑舌の良い声を出す」「自分も相手も双方心地よいコミュニケーションをする」――こうしたことのために大切なことを、たったひとつ挙げるとすると何だと思いますか？　知識をつけることでも、美しさを磨くことでもありません。そしてこれは、私が複数のアナウンサー試験の最終選考に残った中で、必ず見られたり、聞かれたりしたポイントでもありました。

それは、〈**体力**〉です。

アナウンサーがきつい仕事だから、ということではありません。**人前に立ち、存分に自分を表現するためには、何よりも体力が必要**だという意味です。

そして、その体力が十分にある状態にするために欠かせないのは、食事と睡眠です。食事は個人の生活習慣によって必要な量や質が異なるので、ここでは睡眠に絞って話をしたいと思います。

あなたは睡眠不足の状態で人と会話したとき、あるいは大事な会議でプレゼンをしたとき、こんなことを感じたことはありませんか？

- 疲れやすい
- 集中力・注意力に欠ける
- 考える気力が湧かない
- 咄嗟に言葉が出てこない
- 感情のコントロールがしにくい

声を出すということは、体の中にあるエネルギーを外に出すということです。そのためには十分なエネルギーが蓄《たくわ》えられていなければなりません。ないものを出すことはできないのです。

睡眠不足の状態でコミュニケーションを行うと、次のようにいろいろな弊害《へいがい》が生じてきます。

①▼会話の理解度や質が低下

睡眠不足だと相手の話を集中して聞くことや、瞬時に反応することができません。このことは**会話の理解度や質の低下を招きます**。思考力が低下するとアイデアが浮かびにくかったり、浮かんでも適切な言葉を選んで声にして外に出す気力が湧かなかったりといったことも起きます。

②▼感情が不安定になりがち

睡眠が不足すると**感情が不安定になりがちなのもマイナス**です。ちょっとした相手の言動にイライラして話を終えたくなったり、逆に何も感じなくなったり。無表情になってしまい自分の感情が相手に伝わっていかないといったことも、寝不足のときにはよく起きます。

③▼負の感情が周囲に伝染

一番恐ろしいのは負の感情が周囲に伝染することです。「ただ疲れていただけ」「ちょっとだるかっただけ」であったとしても、**雑に放ってしまった言葉や態度は元には戻せません。**

このように円滑なコミュニケーションのためには、あなたが十分な体力を蓄えておくことが欠かせないのです。

● 睡眠が大切なことはどんな場面でも当てはまる

こうしたことは職場以外でも当てはまります。

体力がないと、家族など身近な人に対して甘えが出やすいというのは、みなさんも経験があるでしょう。身近な人であればあるほど、大切にしたい相手であるにもかかわらず、睡眠不足が原因でうまくいかないというのは避けたい事態ですよね。

赤ちゃんを産んだばかりのお母さんもそうです。できるだけ周囲を頼って自分の体を休ませてほしいと思います。

特に学生時代に一夜漬けで試験をクリアしてきた人や、気合いと根性で何事も乗り越えられるといった考えの人は、食事や睡眠をないがしろにしがちなので注意が必要です。

最近コミュニケーションがうまくいかないと感じている方は、睡眠を見直してみてください。あっさりと人間関係が好転するといったことが起きるかもしれません。

Voice ② 声を整える朝の習慣

●声を出す前にストレッチすることを習慣化しよう

「声を出そう」という日に必ずしてほしいことがあります。

それは、〈**ストレッチ**〉です。アナウンサーとして入社してすぐ、系列局のメンバーがキー局に集められて行う研修では、最初に運動着に着替えて30分ほど柔軟体操をさせられた記憶があります。声を出すのはその後でした。

そのくらいストレッチは重視されます。全身のストレッチがもちろん効果的ですが、ここでは声を整えるために欠かせないものを選んで紹介します。

①▼時間がないときでも、これだけはやってほしいストレッチ

口を大きく開ける、窄《すぼ》めるなど口周りのストレッチから始めて、目元の表情筋を動かして顔の筋肉をほぐしましょう。時間のないときでも、これだけはするようにしてください。何もしないのとでは滑舌や表情に大きな違いがあります。

②▼さらに効果を高めるためにやっておきたいストレッチ

発声に大きく関わる肩周りをほぐしましょう。首のストレッチもおススメです。そうすることで緊張や余計な力が抜けて、自然な声が出せるようになります。

体の柔軟性を高めることは**声の持続力を高めるだけでなく、発声のタイミングにも大きく影響**します。

「心は反応しているのに、体が固まってしまって声が出ない」といった経験をしたことはありませんか？　相手の言葉に反応して適切な返しをするという意味で、コミュニケーションはスポーツの反射神経と似た側面があります。すぐに反応できる体は、ストレッチで作ることができます。

●歌を歌うことでコミュニケーションの準備を整える

ストレッチが終わったら、いよいよ声を出しましょう。

毎日の習慣として楽しく続けるためにおススメなのは、**〈歌を歌う〉**ことです。

声を整えるための**ストレッチ**

背中ほぐし

おススメ
②

座った状態で左右の肩に手を置き、肩甲骨を動かすようにゆっくりと大きく回す。
【前後５回ずつ２セット】

おススメ
①

脱 力

全身の力を抜いて、
つま先でピョンピョン。
【20回】

おススメ
③

首回りほぐし

ー左右にー

ー前後にー

首筋や喉が伸びているのを感じながら、ゆっくりと首を傾ける。
【左右・前後各10秒、計40秒】

大きな声で歌うことができなくても大丈夫。目的は2つあります。

- 口をしっかり動かせるようになること
- 感情と言葉を一致させること

曲は何でも構いませんが、外国の方と交流するのでなければ、できれば日本語の歌詞のものを。また、言葉が流れてしまわないように、テンポの速すぎない曲を選ぶのがおススメです。

誰に見せるわけでもありません。歌うときは、**口の形を大げさすぎるくらいに大きく動かして歌いましょう**。そうすると、歌い終わった後は滑《なめ》らかに話せるようになっています。

また、歌を歌う目的のひとつとして、〝言葉と感情を一致させること〟と書きましたが、これはコミュニケーションにおいてとても大切な要素です。

たとえば、「大好き」とどんなに響くいい声で言われたとしても、真顔の棒立ちで言われたら、あまり嬉しくありませんよね。それよりも優しい笑顔で両手を広げながら「大好き」と言われた方が思いは伝わります。言葉と感情表現が一致していると、伝え手のメッセージが相手に届きやすくなるのです。

けれどもこの感情表現が苦手な人は少なくありません。

それが、歌を歌うことで簡単にできるようになります。好きな歌を選んで**歌詞の意味を考えながら身振り手振りも交えて歌ってみましょう。**ちょうど子どもが歌に合わせてする手遊びのような感じです。

表現することに慣れることは、コミュニケーションスキルを上げることに繋がります。苦手な人はミュージカル俳優になったつもりでやってみてください。演技ですから恥ずかしがる必要はありません。

毎朝のストレッチと歌で、コミュニケーションの準備は整います。ぜひ習慣にしてくださいね。

Voice ③ 手鏡片手に「遅口言葉」

●話すときは口をきちんと開く

美容師の方から、こんな相談をされたことがあります。

「お客様から、言葉が聞き取れなかったと聞き直されることがあるんです」

声を聞いていると、特にボリュームが小さいわけではなく、音は出ていて、滑舌が悪いというわけでもなさそうでした。

しかし、鏡越しに口元を見せていただき気がつきました。口がちゃんと開いていないのです。そのため**正しい音として声が出ていかず、モゴモゴと聞こえてしまう**のです。

新型コロナウイルスの感染対策で、長い間マスクをつける日々が続きましたが、その影響でこのように口をきちんと開かない話し方が習慣化してしまった方も多いのではないでしょうか。マスクをしていると蒸《む》れますし、女性なら口紅が付くのも気になるでしょう。口元が相手から見えないため、どうしても伝える意識が希薄になってしまい、口を大きく開けることをしなくなるのだと思います。

しかし、そうするとどうなるかわかりますか？

あっという間に口周りの使わなくなった筋肉は衰えてしまいます。頬は垂れてしまい、いわゆる老け顔の完成です。声も顔もぼやけてしまいます。

そうならないよう、手鏡で構いません。みなさんには、ぜひご自分の話すときの口元を確認してみることをおススメします。

鏡を用意したら〈**遅口言葉**〉を言ってみましょう。遅口言葉とは、早口言葉を遅く言うことです。知っている早口言葉なら何でも構いません。ゆっくり、はっきりと口を動かしながら繰り返します。早く言う必要はないので、口をしっかりと動かすことを意識しましょう。早口言葉ではありませんが、〝遅口レッスン〟としておススメのフレーズも2つご紹介しておきますので、参考にしてください。

ちなみに、アナウンサーは大きな鏡を顔の前に置いて、「あ・い・う・え・お」

の口の形ができているかの訓練を最初の研修で受けます。たとえば、「お」は口を縦に開けますが、このとき、手の指3本が縦に揃《そろ》えて入るまで開けるように指導されます。最初からできている人はほとんどいません。あなたはできますか？鏡ひとつで練習できますので、やってみることをおススメします。

朝におススメ！　簡単〝遅口レッスン〟

①▼表情筋を起こそう！

「あおあおあおあ」「ういういういう」▼10秒かけて1セット・計6回

POINT 顔全体で音を出すつもりで、大きく頬を動かしましょう。

②▼舌の動きを良くしよう！

「あラいリうルえレお口」「かラきリくルけレこ口」▼あ行からわ行まで1分間

POINT 「あいうえお」の50音に「ラ行」を挟《はさ》む練習が効果的。徐々にスピードを上げて、すべての音が滑らかに出るようになるように。

魅せる技術で差をつける　Part 2【姿】で魅せる

次は【姿】で魅せる技術です。人から見られたときの印象は、少し意識を変えるだけで、確実にアップさせることができます。

Figure ④ 振り向かれる立ち姿

● 姿勢はその人の印象を作る

第一印象で何が最も大切かというと、〈姿勢〉です。

遠くから歩いて来る人が、そのシルエットだけで誰だかわかる場合がありますよね。それだけ姿勢が与える印象は強いものです。身長が低くても関係ありません。**目線を上げてまっすぐ前を見据え、背筋を伸ばして歩く人は、それだけで魅力的**です。

私がまだ新人アナウンサーだった頃。衣装に着替え終わったとき、スタイリストさんから残念そうにこう言われました。

「姿勢が悪い……（から衣装が似合わない）」

そして、こうも言われました。

「意識したらいいだけですよ」

当時、私は〝正しい姿勢〟というと、お腹を引っ込めてお尻にキュッと力を入れ、胸を張って、頭頂部から糸で吊られているように――などと難しく考えていました。けれども、こうしたことができなくても、あるひとつのことを意識するだけで、格段に姿勢が良くなる簡単な方法を教えてもらいました。それをみなさんにお伝えしますね。

格段に姿勢が良くなる簡単な方法

スカートやズボンには、たいてい前と後ろの生地を縫《ぬ》い合わせた「線」がありますよね。ここに、中指が沿うように立つ。これだけです。

▼やり方

① 両手を下ろして、手の平を体の外側に向けて立ちます。
② グイっと左右の肩甲骨を近づけるように10秒間後ろに引きます。
③ 手の向きを直してストンと体の横に腕を下ろします。

こうすると中指が、線の上の位置に来るはずです。もし、中指が線に沿う状態にならず、手の甲が体の前方を向いてしまっている場合は、この動作を何回か繰り返してみてください。

姿勢が整うと気持ちもシャキッとして内から自信がみなぎりますよ。

ぜひ身につけたい 魅せる姿勢

Step 1

①手の平を外に返します。

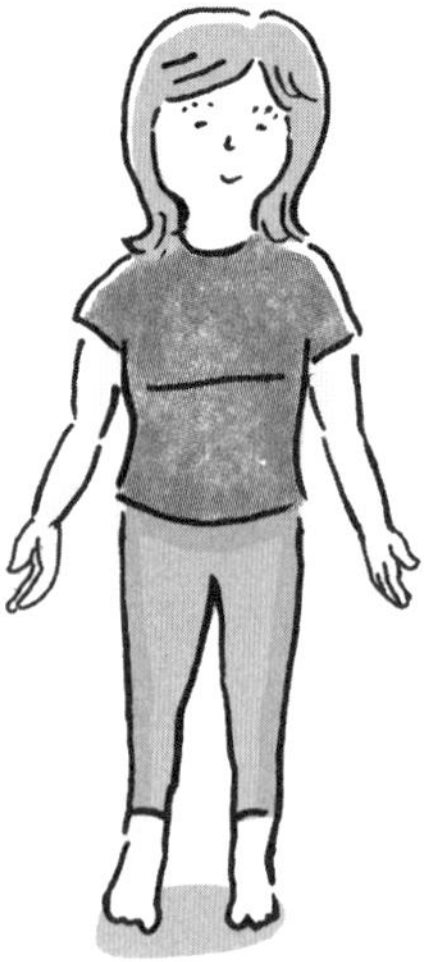

Step 2

②肩甲骨を10 秒間体の
中心に寄せてから元
に戻します。

後ろから
見たとき

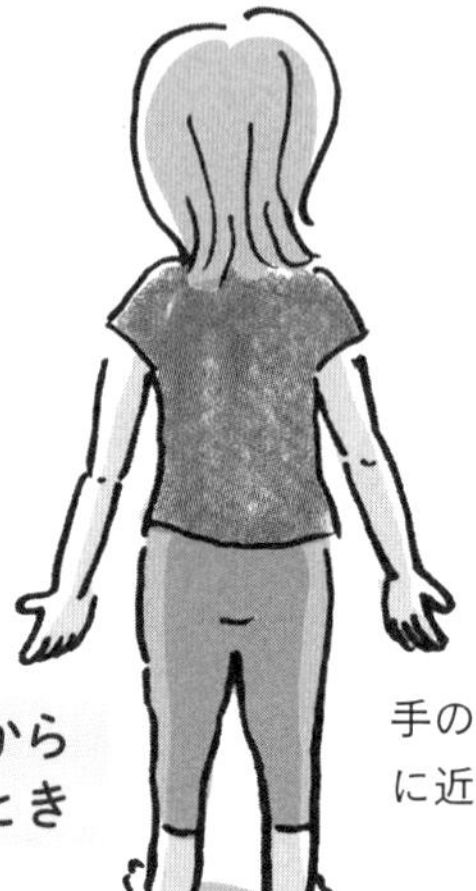

手の甲を体
に近づける

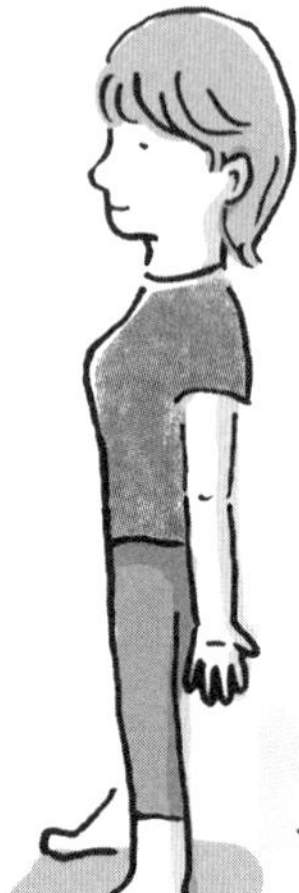

横から
見たとき

Finish!

③魅せる姿勢ができあがります。

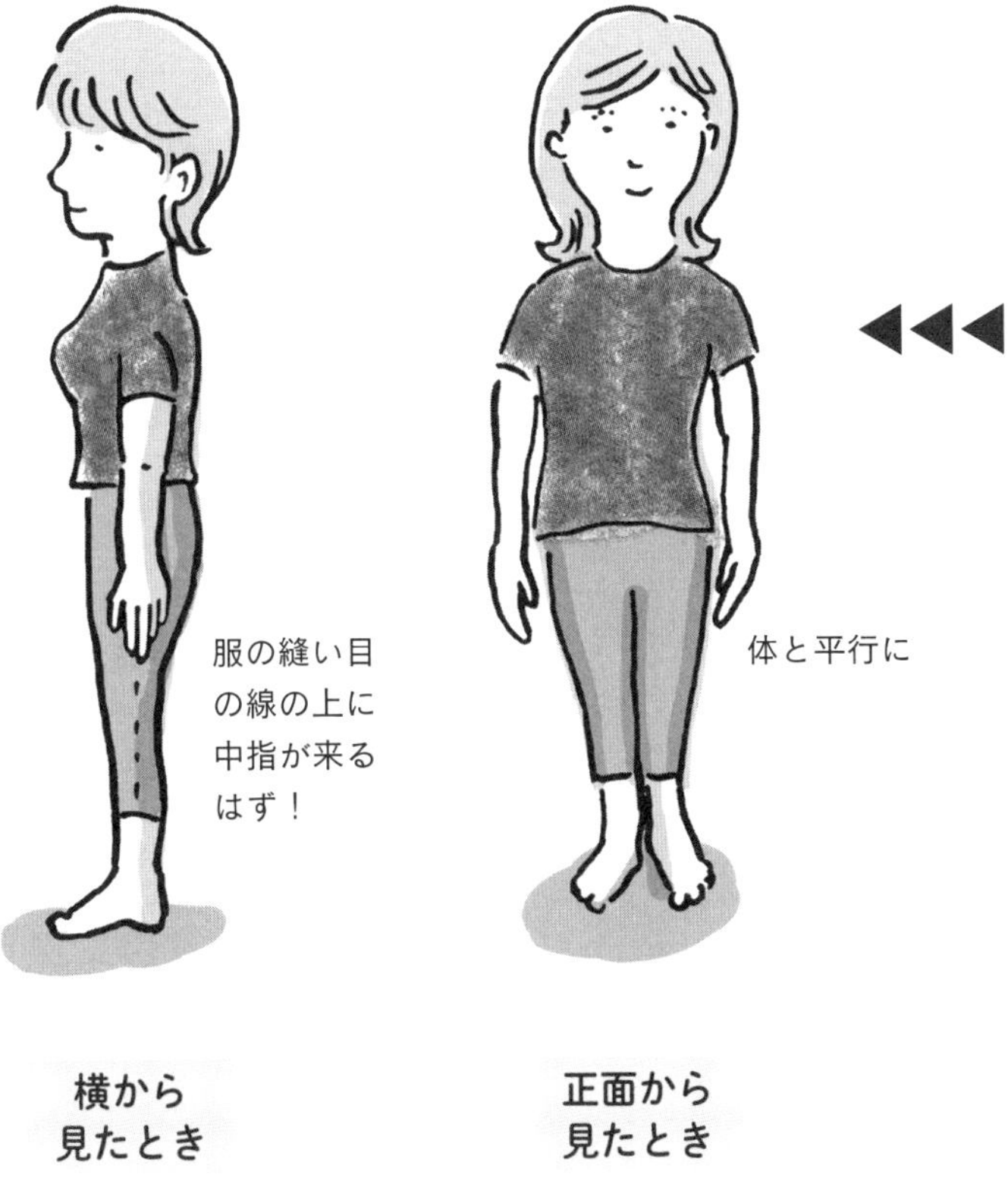

Figure ⑤

存在を大きく見せる座り方

●姿勢よく座っていると大きく見せることができる

テレビに出る仕事をしていたとき、実際にお会いした方からかなりの確率で

「ずいぶん小柄だったんですね。もっとずっと大きい人かと思っていました」

と驚かれました。

私は身長が154センチと日本人女性の平均よりも低いので、小柄には違いありません。しかし、テレビで見るとそうは見えないとよく言われます。

理由はおそらく、姿勢よく座っているからです。

テレビでは立った姿勢よりも、バストショットで映る機会が多くあります。そんなとき、**姿勢がいいだけで堂々としているように見え、存在感が増す**のです。

存在感が増せば、注目を集められますので言葉が届く力も増します。

姿勢よく座るコツ

それでは、どうすれば姿勢よく座れるか、そのコツをお伝えします。

▼やり方

① 先ほどご紹介した綺麗《きれい》な立ち姿勢を作ります。

② そのまま椅子の奥深くに坐骨《ざこつ》を立てて腰掛けます。

▼注意事項

- 坐骨を立てて座るのは簡単です。プリっと後ろにお尻を付き出して座るだけです。
- 椅子の背もたれには、背中をつけません。
- お尻の左右どちらかに体重をかけることをせず、均等に座面に接しているのを感じられるように座ります。
- 足が床につかない場合は、椅子の高さを調整してしっかり床に足がつくように座ります。

・腕は両脇にピッタリとつけずに少し隙間を空けておく方が堂々と見えます。
・いつも右側を向かなければならないというような習慣がある場合は、体重が右に傾く傾向があるので、右のお尻の下に薄いタオルを敷《し》くと力のバランスを取るのに効果的です。

この姿勢は前から見ても横から見ても美しいだけでなく、長時間座っていても疲れません。


電車で向かい側に座っている人を見渡してみてください。猫背になっている人が多いですよね。姿勢が悪いと表情まで暗く見えてしまいます。

しかし、ちょっと気をつけるだけで、多くの人と差をつけ、簡単に綺麗な姿勢を長時間保つことができるようになることを、今あなたは知りました。

私はこの方法を身につけてから、**腰痛や首の痛みからも解放**されました。ぜひ試してみてくださいね。

ぜひ身につけたい **魅せる座り方**

Point 1
座る前

背もたれに背中
をつけない
腕と体の隙間を
空ける
足裏はしっかり
床につける

Point 2
座った後

Figure ⑥ プレゼンはゆっくり堂々と動く

● **動きながら話すと相手を引き込むことができる**

立ってプレゼンをする場合、緊張で下半身が固まる人が多いですが、〈**動く**〉と伝わりやすくなります。棒立ちで身動きせずに話をする場合と比較すると、同じ内容を話しても伝わる度合いが格段に上がります。

その理由は、**動くことで聴衆が「自分に話しかけているんだ」と感じ、注目を集めることができる**からです。

動くと言っても、体のどこか一部を小刻みに動かすという意味ではありません。それではただの落ち着きのない人です。

そうではなく、重要なメッセージを伝えたい箇所で一歩だけ足を踏み出したり、聴衆に話しかけるときに少し歩いて場所を移動したりすることを指しています。

このとき、堂々とした印象を演出したいなら、イメージするのはライ・オ・ン・がオススメです。注意したいのは無駄な動き。

- 頭を掻《か》く
- 鼻を触る

たとえば、こんな動きは厳禁。**無駄な動きはなくし、ゆっくりと歩みを進めるライオンになったつもりで話しましょう。**

●聴いている人との間にある見えない線を越える

みなさんも学生だったとき、この効果を狙う先生に一度は出会っているのではないでしょうか。授業中、板書《ばんしょ》するわけでもないのに教壇《きょうだん》の上を右に左にゆっくりと歩きながら講義する先生や、教壇を降りて教室を縦横無尽にゆっくり歩く先生はいませんでしたか？　私は自分の席の近くを通られる度にハッと起きていました……(ゴメンナサイ)。
コンサートも同じです。定位置で最初から最後まで歌うアーティストはいませんよね。ステージの中央から右へ左へ、時には空中を飛んで聴衆を魅了するアーティストだっています。

人は動くものに注意を引かれます。あなたが動いた範囲には、必ず香りのように、あなたの存在感のようなものが残ります。

話し手と聴衆の間には「あっち側」と「こっち側」というように見えない線が存在します。この線を、右へ、左へ、前へ、とたまに半歩だけひょいと越えて聴衆の方へ動いてみる――これだけであなたの話を聞いてくれる人が増えることをお約束します。

話し手は歩くことで緊張が解けるという嬉しい効果もありますよ。

Figure
⑦

体を前に乗り出す効果

● 体を前に出して話せば相手の注意を引くことができる

伝えたいことがあるとき、〝訴える力〟や〝説得力〟を増す方法として、**〈体を前に出す〉**というやり方があります。

まずは、こんな場面を想像してみてください。

よく行くカフェで、気の置けない仲間4人と座って話をしていたとします。話題も尽き、そろそろ帰ろうかという頃になって、1人がこう口にしました。

「そういえば私、先週結婚したの」

「えっ!?」って思いますよね。だってそんなこと全然聞いてない――というか、聞いてなくてもいいけど、「このタイミングでその伝え方!?」と驚きました。

これ、実話なんです。

このあと、４人は再び腰を下ろして会話を始めるのですが、姿勢がそれまでとは全然違いました。

「どんな人？」

「どこで出会ったの？」

と、全員が前のめりになって話を聞くのです。

聞く側だけではなく、話す側も椅子に浅く腰掛けて前傾姿勢です（話したかったけど遠慮していたのですね……）。

このように、**人は自分が聞きたい話を聞くときや、重要なことを話すときには、姿勢が前に傾くといった傾向があります。**

逆に言うと、相手が話を始めたときに姿勢を前に乗り出した場合は、聞き手は「何か重要なことを言うんだな」といったメッセージを知らず知らずのうちに**相手から受け取り、聞く体勢を取っているのです。**

テレビでは、視聴者の注意を引くために、伝え手がこのテクニックを使うことがあります。

タレントの中居正広さんを思い出してください。ゲストやテレビの向こうの視聴者に向かって、上半身を前に傾けるのを見たことがありませんか？

「〇〇ですよね」や「みなさんどうですか？」といったタイミングで体を前に動かす一方で、相手に喋らせようというときは、スッと自分の上半身を後ろに引いています。そのタイミングが絶妙で、ファンでなくても画面に魅せられてしまいます。

大事なことを伝えたいときには、意識して少しだけ体を前に出してみましょう。

それだけで、注目を集めることができますよ。

Figure ⑧ 緊張を解く3つの秘訣

● 呼吸、立ち方、聴衆の反応から緊張を和らげる

結婚式でスピーチを頼まれたときや、仕事で大勢の前で挨拶をしなくてはならないとき、緊張して声が震《ふる》えるなど困った経験はありませんか？

緊張をコントロールすることは、難しいですよね。緊張することは決して悪いことではないのですが、それによりパフォーマンスが落ちることは避けたいですよね。

ここでは大勢の人の前で話すという場面において、簡単に緊張を和らげる方法を3つ書いておきます。

①▼呼吸から緊張を和らげる

1つ目は、ゆっくりと8秒間かけて口から細く長く息を吐き切ること。これを3回ほど繰り返します。緊張していると呼吸が浅くなり、息を上手に吸えなくな

ります。そんなときは**意識を吐く息だけに集中する**こと。吐けば自然に吸えますからね。最後に息をゆっくりと全部吐き切ったら、その反動で息を吸ってスタートしましょう。これにより、体の力が抜けて芯《しん》のある声が出ます。

フィギュアスケートの浅田真央さんが選手時代に演技を始める前、口を窄めて息を吐き切ってから演技を始めていた姿を覚えている方も多いのではないでしょうか。ご本人に聞いたことはありませんが、おそらく体の力を抜いて緊張を解くことで、力を発揮しやすい状況を作っていたのではないかと思います。

②▼立ち方から緊張を和らげる

2つ目は、足を揃えて立たないこと。

女性で不安定なヒールを履《は》いているなら、なおさらのこと。仁王立《におうだ》ちまでできなくとも、足を前後に少しずらして、できるだけ体をフラフラさせずに安定させて立つことが重要です。なぜなら体が不安定だと、お腹から声を出すことができないから。**どっしりと立って重心を低くすれば声が安定します**。声がしっかり出れば、さらに緊張は和らぎます。座っているときもなるべく足の裏をしっかりと床につけて話しましょう。

③▼聴衆の反応から緊張を和らげる

3つ目は、話し始めたら聴衆の中から〝いい反応をしてくれる人〟を見つけること。頷いたり、笑顔を向けてくれたりする人を探します。見つけたら、まずは**その人に向けて話すと心が落ち着きます**よ。目線が安定するといった効果もあります。

そのほか、ちょっと珍しいことでいうと、私は放送の2時間前からはカフェインを摂取しないようにしていました。ドキドキや興奮は、それを自分自身が緊張しているせいだと勘違いするからです。でも逆に、コーヒーなどの香りがリラックスするという方もいるので、これは個人差があるかもしれません。

自分の心と会話して、いい方法を見つけてくださいね。

Part 3 【目】で魅せる

魅せる技術で差をつける

今度は【目】で魅せる技術です。「目は口ほどに物を言う」ということわざもあるくらい、コミュニケーションにおいて目は大切な役割を果たします。

Eye ⑨ 目元から安心させる

● 目元を明るくすると安心感を与えることができる

街を歩いていると、よく道を尋ねられるという人があなたの周りにもいませんか？　あれはどうしてだと思いますか？

〝犬を連れていて地元の人っぽい〟とか、〝イヤホンをつけていないから、声をかければ振り向いてもらいやすい〟といったこととは別に、見た目の共通点があるんです。

それは、相手から〈**目元がしっかりと見えている**〉こと。
明るい目元は相手に安心感を与え、話しかけてもらいやすくなるんです。

目元が前髪で隠れていたり、暗めのアイシャドウで影のようなメイクをしていたりする場合、反応が読み取れないことで、相手はストレスを感じてしまいます。

わかりやすく実感していただくために、目の前にこんな2人がいると想像してみてください。

① 黒いサングラスをかけている人
② 前髪をスッキリと上げている人

どちらの方が話しかけやすいでしょうか？

話しかけやすいのは？

こんな２人があなたの前にいたとします。
どちらの方が、話しかけやすいですか？

①

黒いサングラスを
かけている人

②

前髪をスッキリと
上げている人

②の〝前髪をスッキリと上げている人〟ですよね。
目元が明るい女性タレントというと、私は芦田愛菜さんが思い浮かびます。彼女の前髪が目にかかっているのを見たことがありません。他の女性タレントと比べてみるとよくわかります。親しみやすさや安心感を与えるという点で、うまく演出されています。

みなさんも初対面の人が多い会合や、自分から話しかける勇気がないけど繋がりを作っておきたいコミュニティなどに参加するときは、前髪などで目元を隠さず、明るく見せて参加するようにしましょう。

光を集めるようなメイクをするのもいいですね。
ただし、ミステリアスな雰囲気を演出したい場合は逆効果ですのでご注意を。目的によって使い分けてください（笑）。

Eye ⑩ 目に喋らせる

●言葉よりも目を使うことが心を伝えるのには効果的

「目が笑っていない」とか「目が死んでいる」といった言葉があるように、目には表情があり、人は無意識にそれを読み取っています。目は口と同じか、それ以上に感情を表現することのできる手段と考え、会話の中で積極的に使いましょう。

特に**相手の話を聞くときに、反応として、言葉ではなく目の表情を使う**ことをおススメします。「聞いてもらっている」という安心感を与え、あなたとの距離をグッと近づける効果は、言葉による反応よりも目の反応の方が上回ります。

人は本当に驚いたり感心したりしたとき、咄嗟に出る反応は言葉ではなく表情が先だからです。

リポーターの仕事のひとつに、美味しいものを食べてリポートする、いわゆる

〝食レポ〟というジャンルがあります。

街歩きや旅の途中で出会った地元の美味しい食べ物やお酒を紹介する番組を、一度は見たことがあるのではないでしょうか？

たとえば、牧場に出かけ、牧場主から渡された搾《しぼ》りたての牛乳をいただくシーンがあったとしましょう。次の２つのリポートのうち、あなたがその牧場主ならどちらのリポーターに好感を持ちますか？


【A】（飲んですぐに）「わぁ！　濃くて甘いですね！」

【B】（飲んだあとしばらく牧場主に目を合わせて目を丸くしながら）「甘い……」


リポーターとしては、テレビを見ている人に味の詳細を伝えたいと考え、あえて【A】のリポートをすることもあります。しかし、牧場主の気持ちになると「わかってくれて嬉しい」「もっと伝えたい」と感じるのは、【B】の反応の方なんですよね。**本心は言葉よりも先に表情に表れる**ことを無意識に知っているからです。

人は頭で考えて出た言葉よりも表情の方を信頼します。だから心を伝えたいなら、言葉より先に目の使い方を覚えた方が良いのです。

目で伝えるときのコツ

それでは、具体的なやり方を5つ挙げます。

【ア】目の形……………縦に開く、細める、きょとんとする
【イ】眉《まゆ》の動き…………上下、しかめる
【ウ】目の開き具合……大きく開く、閉じる
【エ】目線の角度………伏《ふ》し目、見上げる、まっすぐ見つめる、記憶を探るように左上を見る
【オ】まばたき…………ゆっくり、パチパチと早く、まばたきをしない

これらの組み合わせによって、喜びや悲しみ、怒りや嬉しい気持ち、戸惑いや

感心など、言葉では表現しにくい微妙な感情を伝えることができます。

先ほどの牛乳レポであれば、次のような表情の作り方が一般的です。

【ア】目を縦に開いて
【イ】眉を少しだけ上げて
【ウ】目を大きく開けて
【エ】相手を見つめて
【オ】まばたきをしないで

どうですか？　搾りたての牛乳の美味しさが伝わりますでしょうか？

正解はひとつではありません。あなたもぜひ鏡を見ながらいろんな表情を作ってみてください。思っていたよりもずっと多くのことを、目で伝えられることに気がつくはずです。

ちなみに、東アジアの人と欧米人とでは、相手の感情を読み取るときに注目す

微妙な感情を**目で伝える**

美味しいものを飲めば、言葉よりも先に目が語ります。

目の語り方はいろいろ

— For example —

ギュッとつぶる

記憶を探るように左上を見る

伏し目がちになる

パッと見開く

る顔の部位に違いがある、という研究結果を読んだことがあります。それによると、東アジアの人は目、欧米人は口で感情を読み取る傾向があるとのこと。だとすると、私たちが日本人を相手に会話をするとき、目で表現することに重点を置くのは理《り》にかなっているのです。

目で伝える側のメリットとして、言葉に出して言いにくいことも伝えられるということもあります。

「困っています」「わかりません」「そうは思いません」などを目で伝えられると、言葉で伝えるのに比べて、必要な勇気は半分で済むと思いませんか。

コツは頭で考えすぎないことです。**伝えようとしてもしなくても、あなたの思いは目から放たれています。**ちょっと大げさに表情を作ればいいだけ。

まずは話す量を1割減らし、代わりに目を使うことを意識することから始めましょう。

Eye ⑪ 目玉は左右に動かさない

● アナウンサーは左右に目をキョロキョロ動かさない

アナウンサーは日頃から、目玉を下から上、上から下に動かすことはしますが、左右にキョロキョロと動かすことはしないように気をつけています。正面から撮られることの多いアナウンサーが目玉を左右に動かすと、思った以上にテレビを見ている人へ不安や焦りを伝えてしまうからです。

たとえば、ニュース番組を思い出してください。ニュースの途中でキャスターに対し、画面には映っていないディレクターから地震速報などの緊急の原稿が差し込まれる場合がありますよね。

そんなとき、キャスターは見たい方向に目ではなく鼻先を向けます。チラッと横に目をやれば視界に入る場合でも、大げさに首を動かして堂々と横を向くのです。

この〝堂々と横を向く〟ということが大切で、その仕草は見ている人に「いま大事なことが起きているので確認しています」という無言のメッセージとなって伝わっていくのです。

● 目は意識して上下だけに動かすようにしたい

このテクニックは、日常でも活用することができます。

たとえば、職場でパソコンを操作しているときに、不意に誰かから名前を呼ばれて返事をするとしましょう。このとき、目玉だけをそちらに向けるのではなく、**相手のいる方向に鼻先を持っていく**のです。当然パソコンの作業はいったん中断となりますが、これが相手から見ると「自分のことを大事にしてくれている」というメッセージとなって伝わっていきます。

子育てをしている場合にも当てはまります。料理をしている最中や、ドラマに夢中になっているときでも、子どもに話しかけられたら、いったんは子どもに鼻先を向けて返事をしてやりたいですよね。それによって子どもが安心するからです。気持ちに余裕がないとなかなかできませんが。

ちなみに、**プレゼンやスピーチの原稿は、縦書きで準備する**ことをおススメします。目を左右に動かさないで済むからです。

アナウンサーが読む原稿も原則縦書きです。横書きの原稿も読んだことがありますが、圧倒的に縦書きの方が読み間違うことが少なくて済みます。理由はいくつかあるのですが、そのうちのひとつは、目の動きが上下だけで済むから。顔を正面に向けたり、原稿に目を落としたりするときの視線は、上下にだけ動かせば済むのに対して、原稿が横書きだと目を左右に走らせる必要があり、それだけ動きが煩雑《はんざつ》になってしまうんですね。

「ジロリ」や「チラッ」など、目を左右に動かすことを指す言葉には、あまりいい印象がありません。目は意識して上下だけに動かすことを心がけましょう。

Eye ⑫ 目線で説得力を増す

● 目が合うことで相手はメッセージを受け止めることができる

資料を見ながらスピーチをしたり、プレゼンテーション動画を収録したりする場合の〝目線を上げるタイミング〟についてお伝えします。

これはニュース原稿を読むときに、アナウンサーが行っている技法とまったく同じものです。非常に簡単なテクニックでありながら、知らなければできない人が多いです。身につければ堂々と見えますし、伝わる度合が格段にアップします。

- 大勢の前で話す経営者の方
- 営業でお客さんを前にプレゼンをする方
- 研究発表をする学生の方

いろいろな方が使えるテクニックですので、ぜひ習得してください。

目線を上げるタイミング

目線を的確に上げるために知っておきたいポイントは2つあります。

①▼手元に置く資料や台本の置く場所

まずは、手元に置く資料や台本の置く場所について。

資料や台本は顔のすぐ下ではなく、**なるべく体から離して斜め前（聴衆の側）に置く**ようにします。これにより、目線が極端な角度で下を向くことを避けることができます。

②▼顔を上げるタイミング

次に、顔を上げるタイミングについて。

読みに終始することなく、どこかのタイミングで聴衆（オンラインならカメラレンズ）に目を合わせた方がいいというのはわかりますよね。しかし、具体的にどこで顔を上げていいかわからないという相談をよく受けます。

聴衆やカメラレンズを見るというのは、実はいつでもいいというわけではなく、見るタイミングが重要です。

ズバリ、**目線を上げるタイミングは読点（、）と句点（。）です。**

文の区切りの位置で聴衆やカメラレンズを見ることで、目が合った相手はあなたのメッセージを受け止めることができるのです。

次の文章で練習してみましょう。色のついた7つの部分が、原稿から目を離すタイミングです。

あすの日本列島は気温が**下がり、**強い冬型の気圧配置に**なります。**
全国的に風が**強まり、**
瞬間的には35ｍの風が**予想されています。**
特に北海道では猛吹雪になるところも**ありそうです。**
西日本でも初雪となる可能性が**あります。**
寒さ対策を**しっかりとしてください。**

考え方としては、スピーチで届けたい内容が、宅配便で運んでいる荷物だと仮定してみてください。荷物は練習文だと7つあって、相手にひとつずつ渡していきます。その際、相手から7つ受け取りのサインをもらいますよね。

言葉も同じです。言葉が自分から離れた瞬間、すなわち読点・句点の位置で、言葉という荷物を相手がしっかり受け取ったかを確認する必要があるのです。そのタイミングで目を合わせるということ。

相手が受け取ったことを確認するために目線を上げる、という考え方です。

もしも荷物を受け取ってもらえなければ、何度送っても言葉は自分のところに戻ってきてしまいます。目線を送ると言うことは、受け取ってもらうために必要なことなのです。

目線を上げるタイミングは、練習すれば誰でも身につけることができます。

さぁ、やってみましょう。

Eye ⑬ オンライン会議の目線はココ

● **カメラのレンズを広い焦点で見るようにすると話しやすくなる**

すっかり定着したオンライン会議ですが、時々どこを見たらいいかわからないといった質問を受けます。

オンライン会議で見る必要があるものといえば、主にこの3つです。

① パソコンのカメラレンズ
② 手元の（共有）資料
③ 出席者が映っている画面

では、①から③のどの順に比重を置いて目を配ればいいと思いますか？

正解は、長い時間焦点を合わせたい順から、次のとおりです。

①→③→②

慣れてきたら、カメラを見ているときも相手の映像を「目の端で捉える」感覚でいると、参加者といいコミュニケーションがとれます。

イメージでいうと、次のとおりとなります。

①（目の端で③も捉える）→③→②

コツは、カメラのレンズをじーっと凝視《ぎょうし》するのではなく、**ふわっと広い焦点で見る**こと。

この方法で見ると、視界が広くなり、レンズを見ながら同時に参加者たちの表情を捉えることができるはずです。

また、オンラインでの意思疎通が難しいと感じる理由のひとつに、相手と目が合わないことがあります。

これも①のカメラレンズを見るようにすることで、相手に安心感をもたらすことが可能です。

オンライン会議で、お互い同時に画面に映る相手の顔を見ると、直接顔を見ているわけではなく、画面に映っている顔を見ているために、直接目が合うことがありません。

しかし、どちらか一方がカメラレンズを見て、もう片方が相手の映像を見た場合は、その瞬間、片方の人は画面の中で「自分と目が合っている」と勘違いをして、話がしやすくなるのです。

オンライン商談、オンライン授業、オンライン婚活など、この技術を身につければ、相手からこれまでよりもいい反応が得られる可能性大です。まだまだやっている人は少ないです。試さないと損ですよ。

魅せる技術で差をつける ▼▼▼ Part 4【話し方】で魅せる

最後に話し方で魅せる技術です。相槌《あいづち》の打ち方や口癖をはじめ、話すときに意識して気をつけておきたいことを紹介していきます。

Talk ⑭ 相槌【①言葉編】

● **相槌を上手に打つことで会話を弾ませることができる**

「会話が弾まない」「すぐに気まずい沈黙が流れてしまう」という場合、あなたの相槌が原因でそうなってしまっているのかもしれません。相槌には話の先を促す効果的な相槌がある一方で、話を止めてしまうNGな相槌というものもあるのです。

それぞれどんな相槌があるか、見ていきましょう。

悪い相槌3つの例

まずはよくある悪い例を3つ挙げてみます。

①「はいはい」

「はいはい」という相槌。本人としては一生懸命聞いているのかもしれません。しかし、**音そのものが調子よく聞こえてしまう**ため、相手には「本当に聞いているのかな?」という感情を抱かせてしまいます。

「おいしいおいしい」もそう。パートナーにご飯を作ってもらって、この言葉を言ったことがある人もいるかもしれませんが、残念ながら2回繰り返すと説得力がありません。次回からは〝心を込めた1回〟でぜひ。

②「わかるわかる」

次に「わかるわかる」はどうでしょう? これは友人同士の会話でよく交わされる言葉です。これも同じ言葉を重ねて言っていますが、「わかる!」「わかります」

のように2回繰り返さなければいいのかというと、そうではありません。この言葉は注意した方がいい言葉です。なぜなら、他人の考えていることを簡単に「わかる」と言ってしまうと、**考えが浅いという印象を与えるだけで信頼してもらうことが難しい**からです。特に会話の序盤や、そこまで親しくない相手との間で使うことは避けた方がいいでしょう。

③▼「なるほど」

気をつけたい相槌の3つ目は「なるほど」。実はこれは私が新人アナウンサーのときに、上司から「放送では控えた方がいい」と諭《さと》された言葉です。放送に限らず、目上の方と話をするときや、お店でお客様と話をするときにも不向きです。相手の考えに同意や理解を示す言葉である一方で、**「上から評価を下す」「上から下を認める」というニュアンスが含まれている**からです。九州から広まったといわれる「なるほどですね」は「そうなんですね」が混じった言葉かもしれませんが、これは正しい日本語ではありませんので、使う際には注意が必要です。

良い相槌の打ち方

ここまで安易に使ってしまう〝NGな相槌〟をご紹介しました。

では、ここから相手の話をさらに引き出すことのできる良い相槌の打ち方をご紹介しましょう。

①▼おススメの言葉

相槌の言葉として、おススメな言葉は次のとおりです。

- 「ええ」「ほう」などの感嘆詞《かんたんし》
- 「そうなんですね」
- 「初めて知りました」
- 「おっしゃる通りです」
- 「理解できます」

②▼相槌を打つ言葉の選び方

これは共演したタレントさんに教えていただいたことですが、相槌を打つときの〝言葉の選び方〟にもコツがあるそう。

聞き上手なアナウンサーは、連続して同じ相槌を打たないのだそうです。

話す相手や聴衆を飽《あ》きさせないために、たとえば「ええ」と相槌を打ったら、その次は「ええ」ではなく「はい」と相槌を打ちます。そして、その次に打つ相槌は「はい」ではなく、「ほう」などを活用することで、連続して同じ言葉を言わないようにするとのこと。

フリーアナウンサーの赤江珠緒さんは、この使い方が見事だとおっしゃっていました。

たったひと言の相槌でも、少し考えてするだけで会話が弾み、場を盛り上げることができます。身近な人との会話から始めてみましょう。

Talk ⑮ 相槌【②仕草編】

●無言の相槌も効果抜群

相槌を打つときの言葉についてご紹介しましたが、実はアナウンサーが一番する相槌は、**無言でゆっくりと首を大きく縦に振る仕草**です。

相手から話を聞き出したいと思ったら、声を出さずに無言で頷くことが最も効果があります。

そもそもアナウンサーが声を発しないのは、声を挟まない方があとで編集しやすいという理由です。しかし、編集が必要でない生放送であっても、番組でゲストが話している間、司会者は映っていないところでとにかく大きく、無言で何度も首を縦に振る仕草をしています。

人は目の前でこれをされると、話しやすくなるからです。

無言の相槌といってもいろんなパターンがあります。たとえば、

①ゆっくり大きく1回頷くと同時に目を閉じて感じ入る

……………【同意】

②何度もウンウンと頷く

……………【もっと聞かせて】

③びっくりしたように大きく目を開いて少しのけぞる

……………【詳細を聞かせて】

④どうして、というように首を左右に振る

……………【理由を聞かせて】

⑤　首を傾《かし》げて上半身を前に出す
……………【具体的に聞かせて】

⑥　目線を上げるなど考える仕草をする
……………【わかりやすく話して】

⑦　耳を傾け、じっとして相槌を打たない
……………【理解できないと考えこむ様子を見せる】

⑦は〝相槌を打たない〟という相槌で、議論するときなどに使います。相手の話を聞いている様子は見せるけれど、無言で動かずじーっとします。それによって相手がどんどん話すように仕向ける、高度な「聞き手」の技ですね。

いい相槌は黙ってする相槌です。覚えておいて損はないですよ。

Talk ⑯

やめたい口癖とマネしたい口癖

●何気ない口癖がマイナスの印象を作ってしまっていることもある

口癖は印象を作ります。

「でも」や「だって」を使うことが多ければ、「できない理由ばかり考えている人」だとか「言い訳が多い人」という印象に繋がってしまいます。逆に、「はい」「いいですよ」の代わりに「もちろん！」といった言葉を多く使う人には、「前向きで感じがいい人」という印象が持たれやすくなります。

マイナスの印象を与えてしまう口癖はなるべく減らし、いい印象に繋がる言葉を口癖にしたいですよね。

しかし、「あなたの口癖は何ですか？」と聞かれて、「私はこれを口にしやすいです」などと答えられる人は少ないのではないでしょうか。それは、あなたに口癖がないからではありません。**口癖は無意識に発せられるもの**だからです。

いい印象を与えるために、そんな口癖を改善していきましょう。

口癖を改善するステップ

口癖は無意識に発するからこそ、意識して改善していく必要があります。

①▼まずは自分の口癖を知る

口癖の改善を試みるために、まずは自分の口癖を知ることから始めましょう。おススメは、会話を録音して聞き直すことです。職場における口癖を知りたいなら、同僚との会話や会議、プレゼンテーションを録音してみましょう（相手の同意を取ってくださいね）。家族や友人と話すときの口癖が知りたいなら、電話など限られた時間や空間での会話を録音するのがおススメです。そこには癖が強く出ているからです。

改めて自分の声を聞き直すのはあまり気が乗らないものですが、やってみると収穫が大きいことに気がつくはずです。録音を聞き直せば、自分の口癖に気がつくのにそれほど時間はかかりません。

②▼その言葉が口癖になってしまう裏にある心理と影響を考える

口癖に気がついたら、その奥にある心理とその言葉が与える影響を考えてみましょう。自分がどうしてその言葉やフレーズを使うかは、自分が一番よくわかるはずです。外に答えを求めず、自分で考えることが大切です。この考える過程が口癖の改善に役立ちます。

例を出して考えてみましょう。

会話を録音してみたら「たしかに」という言葉をよく使うことに気づいたとします。そうしたら、次はその奥にある心理を考えます。

- とりあえず共感を示して会話をやり過ごしたい
- 同意を示すことで仲間として受け入れられたい

考えてみたところ、仮にこの2つに思い当たったとします。そうしたら、この言葉を多く使うことで、相手に与える印象がどうなるかを考えてみます。

- 考えが浅く、適当にしか話を聞かない人だという印象を与える
- 自分の考えがないにもかかわらず、さも考えたかのようなフリをする人だと感じられる

すると、このようにマイナスの影響を与えてしまっていることに気づくでしょう。いかがでしょうか？　共感を示して仲間として受け入れられたいという思いから、いつの間にか口癖になってしまっていた言葉が、逆に悪い印象を与えていたわけです。「たしかに」を口癖にしてはいけないことが、よくわかると思います。

気をつけたい口癖

このほかにも、一度や二度なら問題ないものの、口癖にしてしまうと誤解を与えてしまう言葉を挙げておきます。

▼「普通は」「常識的に考えて」

根拠の薄いことを正当化したいときに使う言葉ですね。子どもがゲームを欲しいとき「みんな持っている」と言って、親に買ってもらおうとするのと似ています。自分の普通が相手の普通とは限りませんので、頻繁に使うことは避けましょう。

▼「やっぱり」「絶対」

「言うまでもないことだが」という意味の前置きをして、主張がいかにも正しいのだと示したいときに使いがちです。「やっぱり」と言ったあとの内容が、全然やっ・ぱ・り・じゃないこともあります。

▼「すごく」「とっても」

これは大袈裟《おおげさ》に主張したいときの言葉ですが、乱用すると信用を落とすので気をつけたいですね。サービス精神が旺盛《おうせい》だとつい使いたくなってしまいます。

● 良い印象を与える口癖は積極的にマネしたい

一方で、良い印象を与える口癖もあります。

タレントの西野亮廣さんはインタビューを受けるときによく「嬉しい」と口に出します。YouTube（ユーチューブ）で公開されている手越祐也さんとの対談では、開始2分で5回も口にされていました。この「嬉しい」という口癖が無意識か意識的かはわかりませんが、聞いていていい印象を持つことはあっても、不快な印象を持つ人は少ないと思います。

同じく西野さんの口癖には「面白い」もあります。これも「何でも面白がりやがって」と嫌な印象を持つ人はいないでしょう。

あなたの周りにいる素敵だと感じる人の口癖を観察してみてください。積極的にマネしたい口癖が見つかるかもしれません。

口癖は印象を作ります。あなたの口癖は何ですか？

Talk ⑰ 話し始めるタイミングをずらす3つのコツ

● **ちょっとしたコツで同時に話し始めることは避けられる**

複数人で会議をしているときや、気の置けない仲間とオンライン飲み会をしているときをはじめ、何人かで話をしていると、話し始めるタイミングが他の人と重なってしまうことってありますよね。

声を出した丁度同じタイミングで相手が別の話題を話し始めてしまって、ちょっと気まずい思いをしたといった経験は誰にでもあると思います。この〝同時おしゃべり現象〟はどうやったら防ぐことができるのでしょうか。

ポイントは3つあります。

①話を聞く時間だと心得る
②話し始める前に合図する
③話さないときにはしっかりと口を閉じる

同時おしゃべり現象をなくすコツ

①は相手の話し始めのときに、自分が声をぶつけないための工夫。②と③は、自分の話し始めるタイミングに相手に黙っていてもらうための工夫です。それぞれ、詳しく見ていきましょう。

①▼話を聞く時間だと心得る

特に初対面の方と話す場合、相手のテンポがわかりません。そのため〝話を聞く時間だ〟という認識を強く持ち、**黙る時間を多めに持つ**ことが大切です。

仲間とカラオケに行ったときのことを思い出してください。

相手が歌っている間に自分が次に歌う曲をひたすら選んでいる人がいますよね。カラオケでは許されても、会話でそれをしてはいけません。相手が話しているときには、次に自分が話すことを考えるのではなく、相手の話に集中しましょう。そして「話が終わったな」と思ってからも、さらに数秒間は話さずに、十分待ってから口を開くといいでしょう。

②▼話し始める前に合図する

しかし、それでも話し始めのタイミングがぶつかることはあります。待ち過ぎたことが裏目に出て、次の瞬間に話し始めがかぶることだってあります。

そんなときは、話し始める前に合図をすることです。

たとえば、オンラインで自由に発言する場であれば、口を開く前にカメラに向かって「ちょっといいですか」といった具合に無言で手を挙げたり、面と向かって話す場合は、ゆっくりと大げさに体を動かして口を開けて、息を吸う仕草を見せたりして、「さぁ、これから私が話しますよ」というメッセージを送るのです。

これによって**相手はあなたの話を聞く準備が整います**。

③▼話さないときにはしっかりと口を閉じる

そして、〝話さないときにはしっかりと口を閉じる〟ですが、案外できていない人が多いです。マスク生活が長く続いたことで〝口呼吸の人が増えた〟というデータもあるようですが、あなたはいかがですか？　今この瞬間、ご自身の口はどうなっているでしょうか？

上唇と下唇が合わさった〝口を閉じた状態〟になっていれば大丈夫です。

当然ながら話し始めるときは、口を閉じた状態から口を開ける状態へと動きが変化します。声が出るよりも口が動く方が先ですから、相手があなたの口が動いたことを認識できれば、あなたと同時に話し始めることはしないはずです。

ところが、ずっと口が開きっぱなしだとどうでしょう。相手はいつあなたが話し始めるかがわからないのです。こうなると話し始めがぶつかる確率が高くなってしまうんですね。**話すとき、話さないときを伝えるのは口元です。**話さないときは口を結んでおきましょう。

● どんな場所でもコミュニケーションできるようにしたい

ところで、会議ではなく会社に設置された喫煙スペース（タバコ部屋）や飲み会での話が、仕事における意思決定の場になるといったことが、「閉鎖的《へいさてき》である」と言われることがあります。でも、こういった場で重要な話がされるという習慣は、なかなかなくなりませんよね。私はそのひとつの要因として、コミュニケーション技術の未熟さがあると考えています。

タバコというツールがあれば、吸っている間は「聞いていますよ」というメッセージになりますよね。タバコの火を消すと「これから話しますよ」、紫煙《しえん》をくゆらすと「考えていますよ」といったサインを相手に楽に伝えることができます。

お酒も同じでしょう。相手の話を遮《さえぎ》らず、聞く時間、話す時間を分けられるので、会話がスムーズに進むのも自然なことです。

問題はその輪に入れない人がいること。このことは組織においてイノベーションを阻《はば》む要因ともなります。

タバコやお酒の席が悪いというのではなく、それらが無い場所でも同様の質でコミュニケーションができれば信頼を集めることができます。仲間を増やしたい、様々な人の声を聞きたいといった場合はぜひ、①から③を試してみてください。

Talk ⑱
台本は箇条書き

●台本の用意の仕方で伝わり方が全然違ってくる

仕事でプレゼンをするときや、結婚式でのスピーチ、自己紹介など、人前で話すときに台本を用意したことがある人は多いと思います。

そのとき、みなさんはどんな台本やメモを作りましたか？

台本の作り方にはコツがあります。ポイントを押さえているのといないのとでは、伝わり方に大きな差が生じます。

そこで、ここでは〝社外に製品をアピールするプレゼン〟という設定を例に、伝わる台本の作り方を説明していきます。

●台本の作り方

まずは悪い例からご紹介します。

【悪い台本の書き方の例】

まずは、弊社の自己紹介から始めさせてください。

弊社は○○業界でトップクラスに立つ会社でして、創業して□年目に入りました。

主力商品は○○や△△などで、主婦層から大変高い評価をいただいております。

この度は、我々が最も自信のある分野である××の新製品について、ご提案させていただきます。早速本題に入りましょう。（～以下、製品紹介へ）

このように文章で一言一句書いてしまう台本は最悪です。理由は3つあります。

① 最初から最後まで、棒読みになり伝わらないから

② 目線がずっと台本に落ちたままになる確率が高いから

③ 途中でどこを読んでいるかわからなくなる危険性があるから

こういうと「全部覚えなくてはならないということですか？」と言う方がいますが、そうではありません。覚えることのメリットはゼロです。丸暗記は途中で忘れたときが悲惨《ひさん》ですので。

台本を用意すること自体は間違っていません。作り方に工夫が必要なのです。先ほどのプレゼン内容であれば、次のような台本を用意しましょう。

【良い台本の書き方の例】

1. 会社紹介　→　主力商品紹介
2. ××の新製品提案　→　本題へ

これだけで十分です。ポイントは番号を打った箇条書きにすること。

自社の紹介であれば、詳細は見なくても話せますよね。

この台本には、次のようにいいところがたくさんあります。

・ライブ感が出て相手を話に引き込める
・台本から目が離れるので相手と目線が合う
・箇条書きのため次に移るときに自然とメリハリのついた伝え方ができる

絶対に間違ってはいけない固有名詞や大切な数字は台本に記入してしっかり目を落として読んで大丈夫です。台本に目を落とすことでむしろ「この人は正確に伝えようとしているんだ」といった印象を聞き手に残すことができます。これは話し手にとって、暗記にはないメリットです。

ちなみに、私は生中継のリポーターを担当するとき、この方法をよく使っていました。

具体的には、マイクを持たない方の掌《てのひら》の中に、流れを箇条書きでメモした自分の名刺を忍ばせていたのです。これなら姿が見えていない間に次の展開を確認することができます。名刺サイズなので持っていても目立ちません。ちょっとした挨拶やスピーチにはこの名刺カンペが役に立ちます。ぜひお試しを。

Talk ⑲

書き言葉で話さない

●相手が受け止めやすいように上手に2つの言葉を使い分ける

言葉には、「書き言葉」と「話し言葉」があります。「書き言葉」は、文章を書くときに使う言葉です。代表的な新聞の記事をはじめ、ビジネス文書やレポートなどで使用されますよね。

一方で「話し言葉」は、人と話をするときに口に出す言葉です。会話や親しい人へのメールはこちらを使用するというように使い分けた方が良いでしょう。

なぜ2つを使い分ける必要があるのかというと、伝わりやすさが違うからです。

朝のワイドショーでよく見る〝朝刊を解説するシーン〟も、アナウンサーが新聞の「書き言葉」を「話し言葉」に変換しています。

会社員ならビジネス文書では「本日の予定」と書いても、話すときには「今日の予定」と言った方がわかりやすいですよね。

料理のレシピを説明するとき、本に「塩少々」と記載されていたとしても、料理に慣れた主婦であれば、そのまま「シオショーショー」とは言わずに「塩を少しだけ振りかけていきます」と言い換えるでしょう。

文字として一目見てわかるのは「塩少々」の方です。しかし、耳で聞いたときに理解されやすい言葉を使うということは、あなたが**相手にとって受け止めやすい言葉を選んだということであり、その気持ちは必ず相手に届きます**。

かしこまって話そうとするあまり、「書き言葉」のまま話してしまう人をたまに見かけますが、伝わりやすさの観点からはお勧めできません。また、話す場面で「書き言葉」を使うことは、親しみやすさや信頼を得るといった点からもマイナスの印象がつくと覚えておいてください。

場面に合わせて、「書き言葉」と「話し言葉」の2つを上手に使い分けたいですね。

Talk ⑳ 変化を実況中継する

●お礼を伝えるときのタイミングと伝え方でグッと差が出る

ここまで〝魅せる技術〟を習得するためのポイントをいろいろな角度から挙げてきましたが、最後のポイントは〝相手に対する反応〟です。

相手の話を聞いているとき、共感のサインや興味を示すために「わぁ」や「えっ！」といった感嘆詞をオーバー気味に使うことはおススメです。相手の気分が乗ってどんどん話したくなるので、あなたは「話を聞いてくれる人」として認定され、好感を持たれるでしょう。

しかし、ここで話したいのはそういった瞬時の反応ではなく、時間差で行うちょっとズルいリアクションについてです。

具体的には、相手から受けた影響による変化を報告し、お礼を言うということです。

より効果的にお礼を伝えるコツ

たとえば、あなたが仕事で困った事態に陥《おちい》ったとしましょう。するとそのことを知った別の部署の先輩が、アドバイスをくれました。後日、それがきっかけとなってあなたの視点が変わり、困難だった状況から一転、問題が解決に近づいたとします。やがて道を開く突破口が見つかると、するすると問題は解決し、あなたは社会人として一歩成長することができました。

こうした一連の出来事があったとき、あなたはアドバイスをくれた先輩に報告をすると思います。そのときの**報告の仕方と報告のタイミング**に人間関係を良くする鍵があります。

あなたなら、次のどちらの言い方で報告をしますか？

【A】アドバイスをいただいたお陰で無事解決しました。

【B】アドバイスを実行したところ私の視点が変わり、トラブルが解決しようとしています。

どちらもアドバイスによる問題の解決を知らせていることは同じです。

しかし、【A】が「解決したことのお礼」を伝えているのに対し、【B】は「あなたのアドバイスが自分を変化させたことによって問題を解決に導いている」ということを伝える文言になっています。【A】と【B】では受け取る側の印象がまるで違います。ポイントは2つあります。

①▾結果ではなく変化を伝えている

相手が「○○さんにアドバイスをしてよかった」や「もし、また○○さんに何かあれば助けたい」と感じるのは、【A】よりも【B】で報告された、**変化を伝える文言が入っている**場合です。

②▾途中で伝えている

また、完全に問題が解決してからの報告ではなく、**解決に向かう途中で報告していることもポイント**です。アドバイスした側は口に出さないまでも、気にかけているものだからです。まだ解決していないがもうすぐ解決しそう――そう感じることで問題が自分事となり、一層応援したくなるのです。

仕事の例を出しましたが、これは日常生活にも当てはまります。たとえば、仲の良い友人からお薦めの本を紹介されたときでも同じことです。読み終わってから「とてもいい本だった、ありがとう」と報告するのではなく、「夜中まで毎晩夢中で読んでいる。今夜読み終わりそう」と、**相手が自分に与えた影響を変化として報告**するのです。きっと次に会ったとき、また素敵な本を紹介してくれます。

ちなみに、最初に〝ズルいリアクション〟と書いたのは、人によってはこういった伝え方は、相手の機嫌を取るようなこざかしい立ち振る舞いだと感じるかもしれないと思ったからです。

けれども繰り返しますが、【A】と【B】はまったく同じことを伝えています。タイミングと伝え方が違うだけです。【B】をこざかしいと感じるとしたら、それができる人が少ないからです。あなたはどうですか？

表現するためにアナウンサーが本番前にしていること

初めて会う人の中に入って自己紹介をするときや、広い会場でスピーチをするときなど、緊張しそうな場面で堂々と見せるためにしたらいいことを、これまでの経験から2つご紹介したいと思います。

①早めに到着して環境に体を馴染ませる

ひとつは、会場（スタジオ）に早めに到着して、その場の空気や匂いにいち早く触れ、環境（番組なら美術のセットや椅子など）に体を馴染ませておくことです。私は壁を触《さわ》る、机に触《ふ》れるなどもしていました。目的は居心地の悪さを取り払うこと。少しでも自分の部屋のような慣れた空間になれば、緊張が和らぐからです。

これは、会社員の転職や異動など配置転換でも使えるテクニックです。慣れない場所で力を発揮したいときには必ず役に立ちます。上司や同僚よりも早く出社して社内を歩き、一刻も早くその場を味方につけてしまいましょう。

②その場を共にするメンバーとあらかじめ会話をしておく

もうひとつは、場を共にする仲間や聴衆（テレビなら共演者）がいる場合、雑談でいいので事前にできるだけ会話を交わして自分と相手の気持ちを温め、互いの温度を揃えておくことです。

なぜそれをするかというと、本番で持てる力を発揮するため。そして、その場（相手）に合った声と表現で、言葉を届きやすくするためです。

こんな経験はありませんか？

- ステージに立っただけで足がすくんでしまい、思うように言葉が出なかった。
- 初対面では高圧的な人だという印象の人が、よく知るといい人だとわかった。

これらはどちらも、慣れない場所や人に気持が呑《の》み込まれてしまったことが原因で起こる現象です。肝心なときに、実力を発揮できないなんて、もったいないですよね。

時間さえ確保できれば、このアウェー感はあらかじめ解消しておくことが可能です。私は今でも事前に必ずこの2つの行動を欠かしません。

大きな会議の前には真っ先に席について場に馴染み、メンバーを迎え入れるだけで堂々と発言ができるようにもなります。会場に早く到着する、場を共にするメンバーと会話をしておく――これでライバルに差をつけましょう。

第4章

「ありがとう」で繋がり心地よい人間関係を作る

●「ありがとう」の言葉で相手と繋がる●

「ありがとう」という言葉を最近いつ使いましたか?

「自分からはなかなか声をかけられない」という人も、「ありがとう」だけは自分から積極的に口にするようにしましょう。

なぜなら、**「ありがとう」は相手と繋がる言葉**だからです。

心地よい人間関係は、3つのステップを踏むことで作ることができます。

①相手のことを知る

②自分の魅力を理解してもらう

③「ありがとう」で繋がりを強固にする

いよいよ最後のステップです。この章では実際に感謝を伝える方法について、具体的に示していきます。

「ありがとう」がもたらす効果

●ありがとうの言葉にはメリットがたくさんある

まずは、「ありがとう」という言葉が持つ3つの特徴――「口にしても嫌な思いをするリスクが低い」「口にした自分を癒すことができる」「相手と簡単に繋がることができる」について見ていきたいと思います。

①▼反応が得られやすく、嫌な思いをするリスクが低い

「おはよう」や「おつかれさま」といった挨拶の言葉は、人によっては返してこない人もいるので勇気のいる声掛けです。

しかし、「ありがとう」なら表情の変化など、何らかの反応を得られるケースが多いでしょう。しかも言われた方はたいてい気分がいいはず。そういった意味で、「ありがとう」は相手との関係が近くても遠くても、**言った側が嫌な思いをするリスクが低い声掛け**です。

②▼言った自分のことも癒すことができる

また、「ありがとう」という言葉は不思議なことに、言ったあなたにも幸福感をもたらします。これはなぜでしょう?

相手に素直に気持ちを伝えることができたことの満足感や、繋がりを実感できる幸せはもちろんですが、実は**「ありがとう」と感謝を伝えるだけでストレスが軽減される**など心身に好影響があることが科学的にもわかってきたのだといいます。相手を喜ばせるために発する言葉に思えますが、実際は自分で自分を癒すことに効果のあるとても便利な言葉なんですね。

③▼相手と自分を簡単に繋いでくれる

そして「ありがとう」がもたらす最大の効果は、なんといっても相手と自分を簡単に繋いでくれること。人が信頼関係を築くには「約束を守る」や「一貫して誠実な行動を取る」といったことを継続することが大切ですが、**「ありがとう」を交わせば、この手順を飛ばして相手との距離をグッと近づける**ことができます。

「ありがとう」を伝えるときの心構え

「ありがとう」が便利な言葉だからといって、どんな形でも言えばいいかというと、そういうわけではありません。伝えるときの心構えを覚えておきましょう。

Point

●無理に言わない

●思ってもいない「ありがとう」は言わない

「ありがとう」という言葉を使うことは、信頼関係を築くことや相手との距離を縮めるために有効です。しかし、だからといって、ありがたいと感じてもいないのに「ありがとう」を言うことはやめた方がいいです。

それをしてしまうと、あなたが信頼を失うことになるからです。〝相手からの信頼〟、そして〝自分自身からの信頼〟――この両方を失ってしまいます。

こんな経験はありませんか？

【例】反応が薄い相手が、珍しく連絡をしてきた理由は……

仕事仲間から、久しぶりに電話がかかってきました。

「その節はありがとうございました！　あのときは助かりました」

と言われてすぐに、

「折り入って頼みがあるのですが……」

とお願い事をされる。

日頃からこまめに連絡を取り合う仲なら気にならないかもしれません。しかし、この「ありがとう」に気持ちが伴っていないことは、すぐに気がつきますよね。

お礼とお願い事をセットで伝えてはいけません。お礼はタイミングが大事で

す。お願いと同時に伝えてしまうと「ありがとう」を、お願い事をするきっかけを掴《つか》むための布石として使ったことになります。これにより感謝が伝わらないことに加え、〝言葉に心がない人〟〝口先だけの人〟といったマイナスの印象を与えてしまうのはとても残念なことです。

また、思ってもいない「ありがとう」の声を聞いている（見ている）のは相手だけではありません。自分もです。

心と一致しない言葉を口にすることは、自分の心をないがしろにしているということです。面白くないダジャレに声を上げて笑った経験がある方なら、その虚《むな》しさに心当たりがあるかもしれません。自分の心を裏切る言葉は自分の本心を黙らせてしまいます。

感じていることと発する言葉を一致させることが、心を楽に保つコツです。

思ってもいないのに「ありがとう」を言うことはせず、「ありがとう」の感情が湧き上がるのを待ちましょう。

Point

感謝することが見つからないときに試す3つのこと

気がつきにくい誰かの善意に気がつけば自然と感謝が湧いてくる

必死にがんばっているときに、「何かしてもらっているわけじゃない」と周りが見えにくい状況になることは誰にでも経験があると思います。そんなときは、「ありがとう」を伝えることが人間関係の基盤になるとわかっていても、何に感謝をすればいいのかわからなく感じるかもしれません。私もそんな時期がありました。ここではそんな状況でも自然に感謝が湧いてくる方法を3つお伝えします。

①▾夜寝る前にその日嬉しかったことを3つ思い出す

1つ目は、夜寝る前にその日嬉しかったことを3つ思い出すことです。「感謝ノートを書く」というのもいいですが、書けないと続きません。続けることが大切なので、目を閉じて思い出すことを習慣にしましょう。**その日の自分の行動や取り巻く環境をひとつずつ思い起こし、ビデオのように場面を頭の中で再生しな**

がら探していきます。初日はひとつ思い出すだけで精一杯かもしれませんがそれで構いません。「感謝できること」に注意を向け続けていると、翌日には2つ気づけるようになります。コツは嬉しかったことが〝ない〟と思い込まないこと。〝きっとある〟や〝あるかもしれない〟と思って探すことで、見つかる度合が増すのは〝なくしもの〟を探すときと同じです。

②▼目に見えるコトに注意が向き過ぎていないかを確認してみる

2つ目は、目に見える〝コト〟に注意が向き過ぎていないかを確認してみることです。日常の当たり前の景色に感謝するのは難しいですよね。そんなときは、景色の元を想像で辿ることで、小さな善意に気づくことができます。

たとえば、会社員なら、こんなことを想像してみてください。

- お給料が振り込まれるまでに、同じ会社に勤める誰がどんな作業をしているか
- 快適な温度で保たれているオフィスの電気代は、誰が処理しているか

家庭であれば、こんなことを想像してみましょう。

- いつも綺麗にたたまれたシャツが、引き出しに入るまでの過程
- お茶を飲もうとしたときに、清潔なグラスが目の前にある理由
- 今履いているフカフカのスリッパが、そのデザインになるまでの背景

身の回りを見渡すだけで、**当たり前のようにあなたが受け取っている豊かさは別の誰かが支えてくれているのだと気づく**はずです。

③▼誰も見ていないところで善い行いをしてみる

3つ目は、誰も見ていないところで善い行いをしてみることです。

- 誰も見ていない場所で落ちているゴミを拾ってみる
- 公共の洗面所を使用したら、水滴をすべて拭《ふ》いて綺麗にしてから去ってみる

- 集会所やお座敷の飲み会で靴を脱いだら、他の人の靴も全部揃えてみる
- 飲食店やスーパーに設置されたアンケートに、クレームや要望ではなく店員さんの良かった点を思い起こして記入してみる

誰かに褒められることなんて絶対にないですが、やってみてください。

これらをすることで、日頃**当たり前だと思って気にもとめなかったことが、実はすべて誰かの善意で成り立っていた**のだと気づけるようになります。

ゴミのない床や清潔に保たれた洗面所、並べられた靴、店員さんの笑顔……

自分が関わることで初めて、そこには確かに誰かの善意があったのだとわかるようになるんですね。

「ありがとう」が見つからないと思う自分を責める必要はありません。今はちょっと見えなくなっているだけ。今日ひとつだけ善いことをしてみましょう。見えている世界が、きっとこれまでと違って感じられます。

Point

「ありがとう」には2つある

存在への感謝はより相手の心に響く

ここで思い出してみましょう。

あなたは最近いつ「ありがとう」という言葉を使いましたか？
誰に対して、どんな風に伝えましたか？

「ありがとう」という言葉には2つの使い方があります。

①〝コト〟に対してのお礼で使う場合
②〝ヒト〟への感謝で使う場合

あなたが最近使った「ありがとう」は、どちらの「ありがとう」だったでしょうか？

例を出してみましょう。

● 友人に

……………「ノートを貸してくれてありがとう」

● パートナーに

……………「素敵な誕生日プレゼントをありがとう」

● 職場で同僚に

……………「残業して仕事を手伝ってくれてありがとう」

これらはどれも、自分にとって都合のいい〝コト〟をしてくれたことに対してのお礼ですね。

一方、もうひとつの「ありがとう」は、〝ヒト〟の存在そのものへの感謝を表します。

こちらも例を出してみましょう。

- 生まれたばかりの赤ちゃんに
　…………「**生まれてきてくれてありがとう**」
- 母の日に
　…………「**お母さんありがとう**」
- 卒業式で仲間に対して
　…………「**今までありがとう**」
- 落とした財布が戻ってきたとき、届けてくれた人に
　…………「**あなたで良かったありがとう**」
- 思春期に激しく反抗した親に対して
　…………「**あのときちゃんと叱ってくれてありがとう**」
- スポーツやライブ観戦で
　…………「**感動をありがとう**」

どれも「あなたがいてくれて嬉しい」と、存在への感謝に言い換えることができます。

では、どちらの「ありがとう」がより相手の心に響くでしょうか？

それはおそらく後者でしょう。

存在に感謝する「ありがとう」は、相手を尊重することをストレートに伝える表現です。直接使えば互いの信頼関係を強固にすることに繋がります。

しかし、２つの「ありがとう」は、まったく別のものなのかというとそうではありません。〝コト〟の奥には必ず〝ヒト〟がいます。

〝コト〟に対して「ありがとう」と言うとき、その奥にある〝ヒト〟の思いに対して言うことができれば、**すべての「ありがとう」が存在への感謝になる**のではないでしょうか。

●〝ありがとうの中身〟で伝わり方がまるで違ってくる

ここでちょっと語源についての話。

「ありがとう」は英語で thank you ですが、thank は think（思う）と同じ語源だと聞いたことがあります。だとすると、thank you は、「相手を思うこと」に通じます。

感謝をしながら、相手のことを思う――それは、たとえばこんなことです。

- ノートを貸してくれた〝コト〟のお礼を言う前に、相手が自分に貸すことを想定して丁寧に字を書いてくれていたことや、大切なノートを貸している間に相手が抱える束《つか》の間の不安を思ってみる。
- パートナーから誕生日プレゼントをもらったなら、忙しい中で時間とお金を使い、あなたの喜ぶ顔を思い浮かべながらお店を回って贈り物を探してくれた相手の姿を想像してみる。

・職場で仕事を手伝ってくれた相手なら、家族と過ごす時間や寝る間を削って自分と過ごしてくれたのかもしれないと思いを馳《は》せてみる。

このように相手のことを思ってみると、〝コト〟へのお礼が〝ヒト〟への感謝になり、「あなたがいてくれて良かった」「あなたと一緒に過ごせて幸せ」といった思いが自然と湧いてくるでしょう。

「ありがとう」の中身が〝コト〟と〝ヒト〟では、**伝えるときの温度も伝わり方もまるで違ってきます。** 信頼関係の構築には長い時間や働きかけが必要です。

しかし〝ヒト〟への感謝を表す「ありがとう」は、必要な過程を短縮させて心の距離を近づけることができます。また、相手がその気持ちを受け取ると、相手も同じようにあなたに気持ちを示す可能性が高まります。

〝コト〟の向こうにある〝ヒト〟の思いを想像して、「ありがとう」を表現しましょう。

最強に伝わる「今日もありがとう」

ある土曜日の夜、電車の座席シートに腰かけていると、隣に一人で座っていた20代くらいの男性が私の肩にもたれてきました。目をやると片手にスマートフォンを持ったまま眠りこけています。すると突然、彼が持つスマートフォンが光り、短いメッセージが2つ目に飛び込んできました。LINE（ライン）が着信したのです。

夕莉（仮名）「今日もありがとう」「大好きだよ」

彼の顔をチラッと見ると、着信にも気がつかず熟睡しています。メッセージの送り主である夕莉さんには、先に見てしまってごめんなさい！　と心の中であやまりつつも、私はこのメッセージを送った夕莉さんのことがとても魅力的に映って好きになりました。

きっとデートだったのでしょう。1日の終わりに彼女が伝えた言葉は「映画楽しかったね！」でもないし、「今日はいっぱい笑わせてくれてありがとう」ともちょっと違う。「今日私と同じ時間を過ごしてくれたあなたという存在に感謝している」という気持ちがいっぱい詰まった「今日もありがとう」であり「大好きだよ」なんですよね。

こういった種類のメッセージの交換は、カップルや親友の間では当たり前の習慣かもしれません。けれども「今日もありがとう」という言葉は、誰にでも使える言葉だと思いませんか？

たとえば、仕事終わりに同僚へ労《ねぎら》いの言葉として伝えてもいいですし、子育て中のママならおやすみ前の子どもに対して、あるいは友達なら別れ際に明日もよろしくという意味を込めて、「今日もありがとう」と伝えることができます。

こういうと、「具体的に何に対して言っているのかわからない」と言われることがありますが、それでいいのです。なぜならこの「ありがとう」は〝コト〟へのお礼ではないのですから。大事なのは〝ヒト〟への感謝です。

今夜大切な誰かに「今日もありがとう」と伝えてみませんか？

「ありがとう」の伝え方

●棒読みを回避するために視聴者を想像する

テレビ番組では冒頭でアナウンサーが、

「おはようございます」

「こんばんは」

といった挨拶をするのが定番ですよね。けれども新人時代、私はそのたったワンフレーズの挨拶が棒読みになってしまい、とても困りました。今のAIアナよりもよっぽどAIっぽかったと思います。旧型ですね（笑）。

「向かい合ったカメラレンズの向こうに、視聴者を想像できていないからうまく言えないのだ」

研修では、このように先輩から注意されました。

確かに、まったくもってその通りだと思いました。そこで、手元に誰かの写真を置いて想像しようとしてみたり、ぬいぐるみを前に置いて挨拶してみたりもしました。

しかし、何度やっても、どうやって想像すればいいのかわからないのです。

そんなある日……

朝のラジオニュースで本番の読みを担当しなくてはならなくなりました。朝のニュースだったので、担当はまだみんなが出勤していない少し早い時間に出勤しなくてはなりません。

原稿を整え、下読みを終えた私は、本番までの数十秒を
（誰もいないオフィスの朝って気持ちがいいな〜）

（起きてラジオを聞いている人は、何をしているのだろう？）

そんな風に思いながら過ごしていました。

すると本番、「おはようございます」が初めてすんなり言えたのです。

後から出勤してきた放送を聞いていた先輩にも、「変わったね」と褒めてもらえました。


この日わたしが言った「おはようございます」は何が違ったと思いますか？

それはただの「おはようございます」ではなかったんです。


（気持ちのいい朝ですね。みなさん、何をされていますか？）

「おはようございます」


だったんですね。

視聴者を想像するというのはこういうことだったのか、とわかった瞬間でした。

〝ありがとう〟の前に言葉をくっつけると心を込めやすい

挨拶は難しいです。まず短い。たったひと言です。しかもたいてい冒頭。「ありがとう」だってそうです。わずか五文字に心を込めて伝えるだなんて、難易度が高すぎます。

そんなときは、**「ありがとう」の前に、言葉をくっつけてしまいましょう。**

「嬉しい！　ありがとう」
「助かった、ありがとう」
「お世話になりました。ありがとうございます」

「嬉しい」「助かった」「お世話になりました」という言葉を心の中で呟《つぶや》きながら「ありがとう」を伝えるのでもいいと思います。ただ「ありがとう」とだけ言うのとでは、伝わる度合が格段に上がります。

コツは必ず「ありがとう」の前につけること。試してみてくださいね。

反射的に「ありがとう」が出るレッスン

●感情を表に出すことに慣れる

「口は禍《わざわい》のもと」や「沈黙は金なり」ということわざが示すのは、一度放った言葉は元には戻らないことや、深く考えずに言葉を口にすることの危険性です。

特に感情を露《あら》わにする前に、「誰かを傷つけていないか」「誤解を生まないか」と考えることは、思いを正しく伝えるうえで、とても重要なプロセスですよね。

けれども、そのプロセスを必要としない言葉があります。

それが「ありがとう」という言葉。

「ありがとう」は、意図せず傷つけたり、誤解されたりすることがないからです。相手のお陰で「嬉しい！」や「助かった！」と感じたらその瞬間、何も考えずにただ口にするだけで、気持ちがまっすぐ相手の心に届くとても便利な言葉です。

それなのに「ありがとう」を口にしようとするとき、ちょっと構えてしまうのはなぜなのでしょう。（どうしよう……お礼を言った方がいいかな）と一瞬考える時間が生まれがちなのです。その一瞬があるせいで、結局何も言えなくなってしまうということも起こりがちです。

原因は２つ考えられます。

- 日頃から感情を抑制する癖がついている
- 相手の反応を怖がっている

これら２つの克服法は簡単です。

次の２つのことを意識してみてください。

①▼感情を表に出す練習をしておく

まずは一人になって、感情を表に出す練習をしましょう。大自然の中で「バカヤロー！」と大声で叫ぶことができればいいのですが、都会でそれをすると通報されるのでいけません(笑)。

代わりに一人でお笑い番組を見てゲラゲラ笑ったり、「なんでやねん！」と突っ込んだり、映画館で目が腫《は》れるくらい泣いてみたりするだけで十分効果的です。それもできない場合は、四つ切りの画用紙を買ってきて好きに絵を描いてください。楽器を奏《かな》でるのでも構いません。とにかく**人目を気にせず思いっきり感情を外に出す**ことを自分自身にたくさんさせてあげることで心がほぐれていきます。

②▼相手の反応に期待をしない

もうひとつは、相手の反応に期待をしないことです。

「ありがとう」を伝えることがゴールです。もし、いい反応が返ってきてもそれはおまけ。**どんな反応も他人がする以上、完全にコントロールすることはできません。**

〝反応〟は相手のものですので、自分と切り離して考えましょう。

感情を瞬間的に表すことができるようになるのに難しい訓練は必要ありません。素直じゃない性格が原因でもありません。誰にでもできます。ただの慣れの問題だからです。

感情を表に出すことに慣れてしまえば、他者とのコミュニケーションの中で自然と「ありがとう」や「嬉しい」といった言葉もためらうことなく表現できるようになります。

●構えずに気軽に感情を解き放つ

ちなみに、アナウンサーはインタビューをするとき、カメラが回る前に必ず相手の心をほぐすための交流をします。本音を表に出してもらいやすくするためです。

たとえば、同じ空間にいた場合、〝相手も共通して感じているであろうこと〟を大げさに表現してみせることもそのひとつです。

● 「ここすっごく暑いですね！」
　と言いながら、手をうちわのようにして扇《あお》いでみる。
● 「これだけ天井が高いと気持ちがいいですね～」
　と天を仰《あお》いで深呼吸してみる。
● 「なんだか人が多くてドキドキしませんか」
　と言いながら、自分の胸に手を当ててみる。

すると、それまで無表情で緊張感が漂《ただよ》っていた相手の表情が和らぎ、同じような仕草をするなど、ふと感情が表に出る瞬間があります。その瞬間を逃さず目を合わせてニッコリと相手の感情を受け入れます。

抑えられていた感情を解き放ち共有できれば、相手の本音を引き出すインタ

ビューの下地ができ上がります。相手は感情を表すことに抵抗がなくなっているからです。

「ありがとう」を言うときも同じです。

自分で自分の感情を解き放ってください。気楽に軽い感覚で伝えていい言葉です。

たとえば、こんな感じで伝えてみましょう。

● **朝同僚との挨拶で、**

「おはよう！　一晩考えたんだけど、昨日教えてもらったこと、やってみようと思って。ありがとう！」

● **友人と食事に行ってお店を出るときに、**

「一緒にいると食欲湧いちゃった！　ありがとう！」

・**パートナーが家事や育児を分担してくれたなら、**
「疲れていたから助かる、ありがとう」
・**眠る前に子どもに、**
「おやすみ、今日はお手伝いありがとう」

「嬉しい」
「助かる」
「あなたがいて良かった」

こうした気持ちをそのまま「ありがとう」に込めて表現してみましょう。**徐々に絆が強くなり、互いの存在が大切なものに変化していく**のが感じられるでしょう。

「ありがとう」を言われる人は何が違うのか

ここまで「ありがとう」の伝え方について書いてきましたが、逆に「ありがとう」を言われる人はどんな人なのでしょうか？　そんな人になりたいと思いませんか？

（ありがとうと言われようと思って何かをしているわけではない）という考えもあると思います。しかし、ここでは相手が実際に「ありがとう」と言うかどうかが問題なのではありません。

ここで言いたいのは「ありがとう」と言われるような人を目指しませんか？というお誘いです。なぜなら**「ありがとうを言われる人」というのは、「貢献できる人」と同義**だからです。

貢献できる人になろうと言うと、何か大きなことを成し遂げなければならない気がしますが、難しく考える必要はありません。「ありがとうを言われる人」を目指すことで叶《かな》います。その具体的な方法を見ていきましょう。

Point

● 自分から先に「ありがとう」を言う

● 自分から先に伝えることで好意が循環していく

もしもあなたが

「話を聞いてくれてありがとう」
「秘密を守ってくれてありがとう」
「素敵なプレゼントをありがとう」

と言う前に、相手から

「話してくれてありがとう」
「信じてくれてありがとう」
「喜んでくれてありがとう」

と先に言われたら、どんな感じがしますか？　相手に対して、感謝と信頼の気持ちが倍増しませんか？　先に「ありがとう」と言うと、言われた側は感謝を返したくなります。その理由は2つあります。

①▼好意が増す

ひとつは好意が増すから。〝感謝の言葉を伝える〟ということは、相手に対して価値と敬意を示す行為ともいえます。相手はそのような姿勢を見て**自分を尊重してくれていると感じ、感謝の気持ちを抱く**可能性が高まります。

②▼感謝は循環を生む

もうひとつは、感謝は循環を生むからです。これには〈**返報性の法則**〉という心理学的な原理が関わっています。この法則は、受けた好意や親切な行為に対して、報いることでバランスを取ろうとする傾向のこと。**感謝の言葉や行動を示すと、相手も同じように反応して返してくれる可能性が高まる**のです。

つまり「ありがとう」を言うことで、相手が自分に対して感謝の意を示すきっかけを作ることができるということです。感謝の言葉を交わせばお互いの関係がより強固になり、信頼を深めることができます。

もっとも、小手先のテクニックとしてではなく「ありがとう」を本心から言おうと思うと案外難しいですよね。年齢や立場の違いなど相手との関係性にもよりますし、状況によってはプライドが邪魔をするかもしれません。

しかし、そう感じるのは、「ありがとう」が相手の行為をくみ取って感謝を伝える表現だからではないでしょうか。

実は「ありがとう」と言う言葉は、自分が先に伝える方が簡単です。感じたときに口にするだけでいいからです。

友人と美味しいご飯を一緒に食べた後、

- 自分：「一緒に食事できて楽しかった、ありがとう」と言えば、
- 相手：「こちらこそありがとう。また行こうね」

夜、家族から空のお弁当箱を渡されたときに
- 自分：「お弁当全部食べてくれたのね、嬉しいありがとう」と言えば、
- 相手：「美味しかったよ、ありがとう」

これなら少し易《やさ》しく感じませんか？
どちらも**自分から先に「ありがとう」を言うことで、相手からも感謝を引き出すことができています**。

このやりとりはお互いを幸福感に包み込み、絆を深めます。信頼関係を築きたい相手には自分から言うと決め、小さい感謝を探して臆せず伝える、というのがポイントです。

最初は家族か近しい友人からが始めやすいでしょう。
「ありがとう」の循環のスタートです。

Point
●完璧な自分を諦めている

●自分一人でなんでも完璧にこなすことは難しい

自分でなんでもできてしまう（と思っている）タイプの人は、そうでない人に比べて「ありがとう」と言う機会が少ないと思います。周りを頼ることや、お願いすることが少ないのですから当然ですよね。

しかし、そうなると「ありがとう」と言われることも少なくなります。感謝は循環するものだからです。これはすなわち、**周囲と繋がる機会を自ら逸《いっ》している**ということ。とてももったいないと思いませんか。

- 自分でなんとかしよう
- 限界まで全力でがんばろう

そう思うのは素晴らしい心構えだと思います。

私も肩に力が入って、黙々とがんばることこそが美学――そう思って生きていた時期がありました。

けれども、それってがんばっている自分が好きなだけなんですよね。限界までがんばった揚《あ》げ句《く》、壁にぶちあたり、周りを頼るようになって初めてわかりました。**一人でがんばるよりも周りを頼った方が、よほどいい結果が出る**んです。しかも楽に。自分だけでなくみんなで幸せになれます。

一人でがんばることが悪いことだとは思いません。手を抜こうということでもありません。ただ、スケジュールも心も余裕がなくなっていくほどギリギリまでがんばるのは、誰のためにもならないということです。

完璧を目指そうとすると、できない自分にイライラして周囲にマイナスの感情を撒《ま》き散らします。普通に話しかけてくる人ですら、自分のがんばる時間を邪魔する存在のように思えてきます。

こうなると、人に感謝を伝えるどころか、「ありがとう」を言われる行動は何ひとつできなくなります。周りとの繋がりがなくなっていきます。大きなことを成し遂げることも難しくなります。

一人でなんでも完璧にできる人は、いないからです。

●周囲を見渡せる心の余裕が不可欠

あなたの周りにいる、「ありがとう」をよく言われている人を思い出してください。

- その人自体は完璧でないにしても、周りに助ける人がいませんか?
- 人と比較したり過度に落ち込んだりすることなく、いい意味で自信がありマイペースを保っていませんか?
- そして何より、いつも機嫌が良くないでしょうか?

「ありがとう」を言われる人になるには、周囲を見渡せる目が必要です。そのためには、心の余裕が不可欠です。自分のことだけ、目先のことだけで精一杯になっていては、そうはなれません。

仕事でも同じです。どれほど優秀であったとしても、知識も経験も限りがあります。後輩の方が新しい時代に合った方法に詳しい場合だってあるのです。自力で解決に辿り着く力よりも、聞ける相手と繋がっていることの方が問題解決のためには重要です。

一人で完璧を目指す必要はないんですね。

心当たりがある人は、1日10分でいいので何もしない時間を作ってみましょう。そして少しずつスケジュールに何も書いていない時間を増やすことです。**スケジュールの白は心の余裕**です。

完璧な自分を目指すことを手放してしまいましょう。

Point

「面白いことがあるかも」で巻き込まれる

● **巻き込まれる力が強い人には、周囲から感謝と尊敬の念が生まれる**

組織におけるリーダーに必要な力として、〝巻き込み力〟が語られることがあります。〝巻き込み力〟とはその名のとおり「周囲を巻き込む力」のことで、目標を達成するためにメンバーのやる気を引き出し、協力関係を築くことで高い成果を出すことを指しています。

こう聞くと、チームにとってはリーダーにこの〝巻き込み力〟があるかどうかが重要だと感じられるかもしれませんが、実はそうではありません。**巻き込まれる側に、高い技術や資質があるかが重要**なのです。

積極的に巻き込まれる力があるメンバーが揃っていれば、実は〝巻き込み力〟はさほど必要ありません。

この巻き込まれる力が強い人というのは、「ありがとう」を言われる人に通じます。なぜなら、巻き込まれる過程で周囲と積極的に関わり、協力して成功に導き、チームの結びつきを強めることに貢献するからです。

巻き込まれる力の強い人には、次のような特徴があります。

①▼チームやグループの活動に積極的に参加

まず、チームやグループの活動に積極的に参加します。そして、他のメンバーの意見やアイデアに耳を傾け、協力しながら目標に向かいます。その柔軟性と協調性はチームの一体感を高め、成果をあげるための強力なエンジンとなります。

②▼責任感が強い

また、チームの一員としての責任感も強いはずです。自分の力を出し惜しみしません。こうして協力関係が深まれば、やがて信頼が築かれ、全体の雰囲気にも影響を及ぼします。

③▼リーダーシップの素質がある

さらに、巻き込まれる力を強く保つためには、リーダーシップの素質も必要です。協力し合う過程で周囲をサポートし、他人の強みや能力を引き出すことが必要だからです。メンバーの意見を集約しながら共に成長する機会を自然に生み出します。

こうした結果、周囲から感謝と尊敬の念が生まれるのです。

●好奇心を育むことで巻き込まれる力が身につく

では、この〝巻き込まれる力〟とは、一体どうすれば身につくのでしょうか？

それは、**好奇心を育むことです。「面白がる」と言い換えることもできます。**

好奇心が強ければ、自分とは異なる新しいアイデアや視点を面白がることができ、積極的に周囲と協力関係が築けるでしょう。また、個人で成し遂げられる目先の利益ではなく、想像できる範囲を超えた大きな成功までの道のりを楽しむことだってできます。

- 自分の考えに固執《こしつ》しない
- 異なる意見を柔軟に受け入れ、協調して物事に向かう

こういった一見難しそうに感じることも、好奇心があれば解決できます。**巻き込まれる力がある人というのは、面白がることができる人**なのです。

たとえば、会社員の人なら、昼休みに職場の同僚にランチに誘われることがありますよね。そのとき「新しくできたお店に行くから一緒に行かない？」と声をかけられたとします。

あなたなら、どうしますか？

大勢は気を遣うのでちょっと苦手。お弁当を買って一人でゆっくり過ごすのが自分のスタイル。けれどもこれも何かの縁《えん》。面白そうだから行ってみよう。

こんな風に面白がることができたら、これも立派な〝巻き込まれ力〟です。一人では食べられないメニューを、複数人とシェアすることで味わえるかもしれません。また、普段職場では聞けない話を知ることができるかもしれません。そして、そのメリットは相手にとっても同じことです。

（何か面白いことがあるかも）そう考えて巻き込まれてみる――ただそれだけで、周囲から感謝されるのです。

巻き込まれる力を持つことは、人間関係を育み、共に成長する機会を提供することです。その関わりは感謝と尊敬を得るだけでなく、どんな小さなことでも社会に貢献することへと繋がっています。

好奇心と面白がる力で人と繋がることができます。

積極的に巻き込まれてしまいましょう。

おわりに

最後までお読みいただき、ありがとうございました。
あなたが抱えていた悩みを解決するための答えやヒントを、見つけることはできましたでしょうか？

日々、なんとなく流されて生きている人は多いと思います。自分の意見を押し殺し、じっと静かに我慢することを美徳とし、そのストレスが溜まると同じ仲間と集まって愚痴を言い合い、翌日また何もなかったように一日を始める——何かを守るためにそれが必要ということもあるでしょう。

また、自分を表すより、そんな過ごし方に慣れてしまう方が楽だという考えも、私自身経験があり、理解できます。

けれども、わかり合いたい相手とようやく心が通じたときの喜びは、誰しも一度は味わったことがあるでしょう。その瞬間、二人が確かにそこに居るという実感が得られることも、知っているはずです。

本書の根っこにあるのは、「ありのままの自分を表現して、居場所を作ろう」という提案です。そして、それがうまくいくための作戦について、順を追って説明してきました。ぜひ、本を閉じてしまう前に、ひとつでもいいので、もう一度明日できる作戦をパラパラと拾い上げてみてください。これまでと少しだけ違った行動を選択することで、今日の延長ではない、新しい日常を手にすることができます。身につければ一生役に立つ習慣ばかりですので、早く始めた方が得です。

私は今年50歳になりましたが、振り返るとあっという間です。

大切な誰かと心を通わせようと思うとき、また自分自身が本気で欲しい何かを得ようとするとき、そうした大事な局面で、本音をありのままに表現しなくてはならないことが何度かありました。

しかし、それはいきなりできるようにはなりません。日々小さな〝表現への挑戦〟を積み重ねていくことで、できるようになります。コツは本書に記したとおり、誰にでもできることばかり。あとは「やるか」「やらないか」、それだけです。臆病な私ですらやっているのですから、あなたならきっとできます。ぜひ、試してみてください。


最後に、お礼を言いたい方々をご紹介させてください。

まず、本を書く機会をくださり、思いを届けようと最後まで寄り添い導いてくれた、法研の大隅直樹さん、本当にありがとうございました。毎回いただくメールは発見の連続で、贅沢《ぜいたく》な時間でした。また、出版について右も左もわからなかった私に、惜しみなく知恵を授《さず》けてくださった作家の木暮太一さんにも、心から御礼申し上げます。

そして、私を学生時代からずっと支えてくれる恩人や仲間たち、伝えるための基礎を深い愛情と共に授けてくださった宮崎放送の諸先輩方、今も毎日お世話になっているテレビ大阪のみなさんにも、心から感謝を捧《ささ》げます。

家族にも。母からは他者を思いやる心を、父には忍耐強く信念を持って進む強さを、我が子からは挑戦する姿勢を教えてもらいました。ありがとう。また、これまでに出会い、共に時間を過ごしてくださった人が誰か一人でも欠けてしまっていたら、今の私はいませんでした。この場で掲載することが叶《かな》わない方々にも、改めて深く感謝申し上げます。

おしまいに、あなたへ。

「人が一生のうちに何らかの接点を持つ人の数は約3万人」というデータを読んだことがあります。それが事実なら、たった3万人しか、出会えないのです。もしこの本にわずかでも心を動かしてくださったのであれば、本書にしたためた私の学びを実践して、ぜひその方々を大切にしてください。これから先、出会う人との関係があなたに心地よい居場所をもたらし、より豊かな人生へと導かれることを願っています。

あなたが自らを存分に表し、輝ける未来が、私のそれと共にありますように。
心からの感謝と、祈りを込めて。

2023年12月　　黒部 亜希子

著者紹介

黒部 亜希子（くろべ・あきこ）

元テレビ大阪アナウンス部長

1973年生まれ。兵庫県出身。聖心女子大学文学部卒。

1996年宮崎放送に入社。ラジオとテレビ両方のアナウンサーとして勤務。1999年にテレビ大阪に転職し、報道・スポーツ・情報バラエティまで、幅広く活躍した。

2020年4月から3年間はレギュラー番組のナレーションを担当しながらアナウンス部長を務め、2022年12月ドキュメンタリー番組のナレーターとして出演したのを最後に2023年4月からは社長秘書を担当。あわせて経営企画局 次長 兼 秘書広報 兼 SDGs・CSR推進グループ長および放送番組審議会事務局長も務め、アナウンサー時代の経験を活かして新たな分野に活躍の場を広げている。

これまで携わった番組は、100作品超。

アナウンサーとして鍛えた「表現力」「会話力」「自己プロデュース力」を活用し、司会やプレゼン、就活など、あらゆる場面で役立つ話し方を、体系化して教えることを得意とする。

公式SNS　※2024年1月現在

- Instagram
https://www.instagram.com/kurobeakiko/

Special thanks

ヘア・メイク・撮影………KYOTO MAKE-UP STUDIO LOODY
イラスト……………………高橋ポルチーナ
装　丁……………………bookwall

アナウンサーが知っている
最強の居場所の作り方
—— 自然とラクな自分でいられる習慣を身につける本 ——

令和6年1月22日　第1刷発行

著　　者　黒部 亜希子

発 行 者　東島 俊一

発 行 所　株式会社 法 研

〒104-8104 東京都中央区銀座1-10-1

https://www.sociohealth.co.jp

印刷・製本　研友社印刷株式会社

0102

SOCIO HEALTH

小社は㈱法研を核に「SOCIO HEALTH GROUP」を構成し、相互のネットワークにより、“社会保障及び健康に関する情報の社会的価値創造”を事業領域としています。その一環としての小社の出版事業にご注目ください。

©Kurobe Akiko 2024 printed in Japan

ISBN 978-4-86756-090-7 C0077　定価はカバーに表示してあります。
乱丁本・落丁本は小社出版事業課あてにお送りください。
送料小社負担にてお取り替えいたします。

JCOPY〈出版者著作権管理機構 委託出版物〉

本書の無断複製は著作権法上での例外を除き禁じられています。複製される場合は、そのつど事前に、出版者著作権管理機構（電話 03-5244-5088、FAX 03-5244-5089、e-mail : info@jcopy.or.jp）の許諾を得てください。